老外的中国梦

绿杨

新世界出版社
NEW WORLD PRESS

前 言

梦，每个人都有，无论是中国人还是外国人。为了实现梦想，每个人都在生活的路上奔跑，寻找、追求着属于自己的梦。

2008年8月8日，就在奥运圣火在“鸟巢”(国家体育场)点燃的那一刻，中国人终于实现了百年的奥运之梦。“One World，One Dream”这句奥运主题标语早已成为北京街头最耀眼的亮点，而“Welcome to Beijing”则成为这个城市在2008年使用频率最高的流行语。

2008年也是老外们筑梦、寻梦、圆梦的一年，而中国北京就是他们实现梦想的地方。这一点人们从北京2008年奥运会诸多世界纪录、奥运会纪录被打破上就不难看出。

人们不会忘记奥运会开幕式上，3000名中国男青年着古人衣冠，模拟孔子3000弟子，齐诵《论语》的场面。其中“四海之内，皆兄弟也！”这句名言响彻“鸟巢”上空，表达了中国人民欢迎远方朋友的热情。在奥运会上，人们发现：中国是个实现梦想的好地方。

中国人一向有好客的传统，来中国的奥运选手和观光游客都会感到东道主的真诚。不少选手在赛场展示“谢谢中国”的条幅，不少游客也用不同方式表达对中国的谢意和好感。尽管中国人经历了雪灾、地震的伤痛，遭遇了奥运圣火在境外传递过程中的不快，仍然热诚地欢迎来自五湖四海的朋友。中国驻英国大使傅莹女士说过：“世界曾等待中国融入世界，而今天中国也有耐心等待世界认识中国。”

来过的朋友，无论短期旅游，还是长期居留，只要不带偏见地观察中国，都会感觉到中国改革开放30年来发生的深刻变化。这个世界上最大的发展中国家，当然还有许多问题和不尽如人意之处，但是这个国家朝气蓬勃、生机盎然、充满希望。960万平方公里的土地也许还算不上丰饶，然而这片土地适于播撒梦想的种子，而且不少有心人已经收获了丰硕的果实。这些成果的含金量并不亚于奥运会的金镶玉奖牌。

改革开放初期，“美国梦”、“樱花梦”曾吸引了相当一批中国人走出国门，而现在有不少人已经回归。一些外国人也发现，他们在中国这片土地上也可以设计自己的人生，实现自己的梦想。“中国梦”目前还不是个常用语汇，可是谁能断定今后的使用频率不会越来越高呢？不少出去的中国人学习了发达国家的先进技术和理念，返回故乡创业，形成了一个社会群体——“海归”。相当多的“老外”怀揣梦想、带着对中国文化的热爱进入中国，已经把他乡当故乡。这不正是“中国梦”的吸引力吗？

发达国家很发达了，提升的空间反而不那么明显。相比之下，发展中国家倒有很大的发展空间，也面临着更多的挑战。比如中国，30年发生的剧烈变化世间少有，这就给国家和个人都提供了许多机会。不管是“海归”、“老外”，还是一直扎根故乡的中国人，都面临着前所未有的机遇和挑战。他们都是地球村的公民。我们祝福所有在这片土地上“耕耘”的人都能获得好“收成”。

本书延续了《老外的中国情结》的风格。几位作者分别采访了19位来中国学习、工作的外国朋友，并从他们身上收获了不少感动和启迪。从他们身上，我们能发现他们各自拥有的梦想。他们那些或大或小的“中国梦”，有的已经实现，有的还在追寻中。他们的故事展现了不同的个体经验和生命价值，也反映了当今中国的一些现状。其实中国是一个什么样的国家，中华民族是一个什么样的民族，在中国住过一段时间的人更有话语权。这些人的故事如果能让世界各地的朋友认识新的中国，能帮助填平地球村里的一些沟壑，能化解人类族群间的坚冰，那将是我们和我们采访过的“老外”朋友们最大的心愿。

2008年中国人曾痛感：中国与西方间的墙壁太厚了。但是当我们看到“神七”的宇航员在太空漫步时，又觉得这世上还有什么障碍不能逾越呢？问问这些活跃在中国的“老外”，或许他们会给你理想的答案，因为他们在中国感受到：太阳，每天都是新的；梦想，每天都在实现着。

绿　杨

2008年10月5日

目 录

小档案

姓名： Johan Björkstén

中文名： 大龙

国籍： 瑞典

职业： 主持人、私企老板

在中国生活时间： 17 年

大龙的天空

瑞典人大龙是一个喜欢热闹的人，因为喜欢中国的热闹便跑到中国。来了之后，他没想到他能让自己所到之处变得更热闹。人们发现，无论电视台还是公关界，只要有了大龙就热闹。大概是因为瑞典不够热闹，大龙才到中国来“凑热闹”吧。他有个梦想——做个荣誉北京市民。

瑞典人 Johan Björkstén 的脸已被很多中国人所熟识，虽然他的本名不太为人所知，由本名的意思“白桦林里的石头”衍生而来的中国名字“白石桦”也算不上显赫，但他的绰号“大龙”在中国却十分响亮。因为人们发现，这个瑞典小伙儿中国话说得特棒，即使和伶牙俐齿的职业主持人斗嘴皮子，也绝不落下风。凡有他参与的电视节目，总是气氛热烈，掌声、笑声不绝。但是千万别以为，这家伙的特长只是一口流利的中国话，要知道，这不过是他语言才能的一部分，而他在商业上的成就更是非同凡响，令人称道。

热闹的马路不长草

中国人喜欢聪明人。大龙聪明得都“绝顶”了，所以他在中国很受欢迎。一个分子动力学专业的硕士研究生，会六国语言，学过歌剧，组织过自己的乐队，在北京电台做过 DJ，对中国书法文化颇有心得，曾出版过教外国人学中文和研习中国书法的书籍，迄今一直畅销美国、瑞典等地。此外他还偶尔客串电视厨艺类节目，教人们如何做西餐伺候中国胃口。他在电台做 DJ 挺受欢迎，而上电视做节目，也让电视台的收视率有了保证。1994 年，大龙组建自己的易为公关公司，成了易为的董事长。他还参与创立瑞典中国商会并担任商会副会长之职。上电视、做生意、写书，还要建网站，每件事他都能做到行内顶尖水平。这让不少认识他的人感叹：大龙的天灵盖下到底蕴含着多少智慧？

著名洋笑星加拿大人“大山”是外国人学中文的一个标杆。人们把中文“说得和大山一样好”当做一种高度评价，而中文“说得比大山还好”的外国人，那简直就是凤毛麟角，大龙正是这凤毛麟角中的一个。

很多音乐爱好者还记得当年有个叫大龙的瑞典小伙在电台里向中国人介绍北欧音乐，他们一方面开拓了过去不太熟悉的音乐审美领域，一方面认识了一个中国话说得极好的瑞典小伙。后来大龙在电视节目《教你做西餐》里教大家做西餐，又让很多电视观众喜欢上了这个性情温和、心灵手巧的居家好男人。那一口纯正的“京腔”更让大家听得兴致勃勃。如今，上到中央电视台下到不少省市的电视台、广播电台都乐意拉他做节目，他的机智和幽默往往给节目增光添彩。无论听众还是观众，一致认为大龙的中国话“说得比大山还好”。

光头也很帅

孤陋寡闻的我却是在一档体育节目中初识大龙的。大约10年前，中国球迷最喜欢的“乒坛常青树”瓦尔德内尔来华和中国的体育迷亲密接触，当时现场担当翻译的就是大龙。

瓦尔德内尔曾与号称

“乒乓球王国”的中国7代顶尖高手抗衡了十几年，拿过世界上包括奥运会在内的所有大赛的男子单打金牌，成为世界上第一个“大满贯得主”。在他之后，也只有中国的刘国梁、孔令辉达到了这个高度，而世界上无数选手还在苦苦地追寻着这个“终极目标”。有“游击队长”美称的瓦尔德内尔，在比赛中表现出的“永不言败”精神，神出鬼没的战术以及极富观赏性的球技，赢得了中国人的普遍尊敬和喜爱。中国人亲切地称他为“老瓦”，每当老瓦在中国出现，总能引起轰动。

这一次，老瓦在CCTV体育频道和球迷对话，身边坐着面目清秀、温文尔雅的大龙。准确生动的翻译，时不时再加上几句插科打诨，把现场的气氛调节得活跃、欢快。我注意到，他的中国话词汇量很大，而且发音和语感都无懈可击，只听声音，绝对不会想到这是一位碧眼金发的外国人在说中国话。当然了，他的“金发”不太茂盛，头顶上已隐隐出现了一个“地中海”，和他那张阳光、年轻的脸似乎不大相衬。这让我想起葛优的名言：“热闹的马路不长草，聪明的脑袋不长毛。”

后来我开始关注大龙，发现他在电视台的出镜率挺高，他的机智幽默使他在观众中赢得了不少“粉丝”。可以说，瑞典人在中国最出名的是老瓦，第二差不多就是大龙了。博格、永贝里的知名度在球迷之外不好统计。知道古斯塔夫国王大名的中国人数量也相当有限，但知道大龙的中国人可能是瑞典总人口的N多倍。把大龙的知名度排在老瓦之后、国王之前，丝毫没有对王室不敬之意。我只是想说明，瑞典小伙儿大龙在中国挺讨人喜欢，而且在不同年龄段的人群中都很有人缘，有点“老少通吃”的劲头。

大龙在中国的商业活动成绩可观。特别是易为公关公司成立之后，大龙的事业越做越大，越做越顺，已成为同行业中的旗帜。难得的是大龙还擅长理论总结，他的专著《中国式公关》一版再版，已被中国同行视为值得研读的教材，被外国同行视为进入中国市场的指南，有媒体甚

大龙在他的新书《中国式公关》扉页上为读者签名

至认为大龙“颠覆了中国的公关业”。虽然大龙一再表示，谈不上“颠覆”，只是想提出一些观点“引起大家的关注和研讨”而已，但他的成功，以及乐于和大家分享自己经验的气度，还是得到了广泛的赞许。

前不久，我和大龙在易为公关公司的办公室里相见，发现他的模样变化不大，笑容依旧富有亲和力，只是“地中海”有进一步扩展的趋势，锃亮的脑门似乎比电视里更醒目。不过，这倒在他的儒雅气质之中增添了几分“酷”的感觉。

大龙自报身高 1 米 80，我深表怀疑，感觉他起码少报了 5 厘米。他自嘲说：“那是因为我脑门太亮，显高。确实只有 1 米 80。”至于过早谢顶是否是家族基因的问题，他告诉我：“与遗传无关。我爷爷头发茂盛，爸爸的也还算浓密，可是我刚十几岁头发就开始稀疏了。爷爷身材 1 米 90 多，爸爸稍矮但还是比我高。三代人的身高和头发都呈递减态势。爸爸曾叹息：‘个头越来越矮，头发越来越少。’我说：‘头脑越来越聪明。’爸爸哼了一声，说：‘未必。’”

其实，大龙的老爸从来没小看过儿子的智商，只是没想到他的儿子后来会有那么多精彩的故事，在中国会有那么大的名气。

机灵的小子创意多

1964 年是中国农历的龙年，大龙出生在瑞典的 Lund 大学城，爸爸妈妈都是那里的大学生。爸爸是芬兰血统，妈妈是瑞典人。大龙之下有一弟两妹，弟弟是爸妈领养的孩子，来自韩国。已经退休的老爸前几年还在爱沙尼亚“发挥余热”，最近又到南非开巡回讲座。妈妈以前在澳大利亚，近年来返回瑞典帮大龙的大妹妹照看小孩。大妹妹学过物理化学，当过记者，目前在诺贝尔博物馆负责对外联络。小妹妹在苏格兰读兽医之后在瑞典开了自己的马医诊所。大龙说：“我们一家子都喜欢闯荡，出去开阔眼界。”似乎整个家族都有行走世界的爱好。大概是因为在这样一个“国际化家庭”长大，大龙天然具有世界公民的意识。

大龙在中国当主持人成名绝非偶然，当初上小学的时候他就已经显露出主持人的潜质。小学一年级，孩子们把自己的学习用品和玩具拿出来交流，Johan 同学就煞有介事地充当起拍卖师。木槌一挥，神气之极，儿童的天真与拍卖师的豪迈奇妙地集于一身，充分展现了小 Johan 驾驭现场气氛的能力。我估计，小 Johan 很可能是历史上最年轻的拍卖师，学校和家长都没想起申报吉尼斯纪录绝对是一个严重的失误。那一天，Johan 拍卖师给同学和家长们留下了深刻的印象，也给姥姥提供了永不厌倦的话题和反复回味的华彩篇章。

瑞典是个美丽的国家，到处是森林。大龙小时候常常和爸爸骑上自行车，三摇两晃就到了森林深处。那时他还经常和爸爸一起去看冰球，自己的“小爪子”握在爸爸温暖的大手里，嘴里一边嚼着“热狗”一边为本地的冰球队呐喊助威。这些都是大龙童年美好的记忆。

大龙与中国文化的第一次接触，是 7 岁时爷爷带他到中国餐馆品尝美食。“我一进餐馆就被浓郁的中国文化所包围，碧水丹青，雕梁画栋，从那一刻起我便对这个有着 5000 年文化的泱泱大国产生了极大的兴趣。”当然，这个泱泱大国的佳肴对于小孩更具诱惑力。小 Johan 熟练掌握了使用筷子的技巧，并以此作为向同学和小朋友们炫耀的资本。

要知道 Johan 同学是个有深度的小孩，对中国文化发生兴趣不会仅仅限于饮食文化这部分。他到博物馆参观文物，学着欣赏中国字画，虽然还不能全面地、系统地接触中国文化，毕竟为后来成为超级“中国通”做了最初的铺垫。

中国人通常把 14 岁的男孩称为“小屁孩”，其中很有爱恨交加的意味。有人说，半大小子“鬼见愁”。想想看，鬼见了都发愁，他们惹是生非、调皮捣蛋的能力有多强。乖孩子不是没有，但比例偏低。成年男子包括我老人家在内，回首 14 岁前后的往事，自己都觉得“劣迹斑斑”，没有什么可夸耀的事迹。我相信，其他国家这个年龄的孩子也未必“乖”到哪儿去。博马舍的《费加罗的婚礼》里有个半大小子凯鲁比诺，作者的角色提示是，“这是一个天下所有的母亲都希望有的，也是天下所有的母亲都头痛的孩子。”足见天下乌鸦一般黑，天下男孩一样“淘”啊！

但是，我们的 Johan 却能在 14 岁时，办了一件让大人们刮目相看的事。这个时期 Johan 热衷于收藏啤酒罐，手中啤酒罐的花色数量已形成一定规模，为了能和有共同爱好的人交流信息、互通有无，他产生了一个念头：组织啤酒罐收藏协会。他在报纸上刊登了一则广告，上面写道：“收藏啤酒罐的朋友们，告诉你们一个好消息！啤酒罐收藏协会即将成立，最先打进电话报名者，可领取 3 个美国啤酒罐……”

大龙提起这件往事，脸上难掩得意之色。“结果竟有 70 多人来电话，没有那么多啤酒罐，只好说对不起，您来晚了，啤酒罐发完了。协会还真的组织起来了，最终参会的有 30 多人，每个会员一年交 50 瑞典克朗（相当于 50 元人民币）的会费。我因为是发起人、NO.1，就当了会长，NO.2 有 50 多岁，任副会长。我在 20 岁后去干别的事，但协会一直在活动。2003 年我还接到一封信，得知那时协会会员已发展到 600 多人。估计现在规模会更大。”

协会的成立对于啤酒厂商绝对是利好消息。所以，没过多久，啤酒厂商的行业协会就来联谊，请媒体来采访这位年轻的啤酒罐收藏协会会长。于是 Johan 会长接受采访，被拍了不少照片，15 岁就成了新闻人物。一个 14 岁的孩子发起组织了一个民间协会，会员多数比他年长，副手比他父亲还大，竟然心悦诚服地接受他的领导。而且协会在这个小孩子的领导下，还具备了一定的规模和社会影响，这在中国是不可想象的，在瑞典大概也不多见。在别的半大小子还在淘气时，Johan 同学已显现了领导者的气质和能力。这大概是他后来在中国商界取得成功的原因吧！

16 岁时，看到老爸发表科学论文需要手工绘制不少图表，他从中嗅出了商机。他去注册了一个制图公司，小试牛刀就颇有斩获。“那个时代，家用电脑尚不普及。我的公司正好顺应了社会需要，还真承接了不少业务。后来一个人忙不过来，还雇了一个帮手。那时我每月的收入比成年人的工资还多，一个高中学生能赚这么多钱，让我很有成就感。”

西方有句谚语：“人不能同时骑两匹马。”与中国人常说的“一心不可二用”意思相近。但是 Johan 似乎擅长一心二用，他可以一边读书一边经营自己的公司，居然成绩都不错。问及诀窍，大龙狡猾地一笑，“我钻了瑞典教育法的空子”。

瑞典义务教育和中国一样，也是 9 年。一至九年级所有的人都必须接受教育，90% 的人升入高中。瑞典教育法中有一条规定，如果学生感觉教师对自己有偏见，可以到别的学校考试，成绩也算数。Johan 同学研究这条规定后，心中暗喜。他自信不上英文课拿一个优秀没问题，就去考了一个学分免上英文课。当别人还在和英文较劲时，他又悄悄地攻下了德文，学校开德文课时他又免读。总是领先一步，就总能优哉游哉地少上课多拿分，用此方式依次拿下化学、生物、社会科学、哲学和宗教学等课程。

对于这样的学生，我估计，老师们对他本来没有偏见，后来就算有了偏见也无可奈何。直到今天，大龙还清晰地记得自己那时上课的规律：周一不上课，周二下午 2~5 时上课，周三全天上课，周四上午 9~12 时上课，下午便放了羊，周五更是不见踪影。这样他就有了足够的时间去当他的“小老板”。

据说，现在的瑞典教育法已经取消了这条规定，大概是因为 Johan 这类学生的“合法逃课”对学校的管理不利，而且有伤教师们的自尊。这个“空子”一堵，以后的学生智商再高，也无法复制 Johan 同学的学业商业双丰收的奇迹了。

维京的小伙闯北京

Johan 的大学教育是在 Uppsala University 完成的。Uppsala University 是一所 1411 年成立的欧洲老牌大学。Johan 同学在大学里继续彰显他的聪明才智，尤其是语言天赋。

他的英文底子不错，加上在美国上过一年学，英语的听、说、读、写和母语一样流利，法语、德语也能轻松阅读。在军校受训时他又学了俄语，虽然有校方强制的因素，Johan 还是觉得乐在其中。“那时规定我们每周必须背下三、四百个单词，小册子 40 页的内容。周五考试，瑞典文译俄文，连续三周不及格，就要被罚直至开除，如果开除就会被派干最无聊的军活儿，比如打扫厕所之类。有压力就学得快，我虽然一直居最后几名，但是始终没被开除，一次也没被罚过。”欧洲人学英、法、德语相对容易，有很多单词都一样，会几种欧盟范围内的语言的人不算少。但俄语的发音、书写差别较大，特别是语法的变格、变位挺复杂，但 Johan 还是在一年之内学会了。而且，学语言的经验也由此被军校“逼出来了”。

他说：“不仅喜欢，还要刻苦、自律。学语言必须下工夫，一句话：兴趣加上逼自己。”这经验用在学中文上获得了更大的成就。

他学中文的积极性是毋庸置疑的。当年爷爷、爸爸领着他到中国餐馆大快朵颐时，他已经对这个东方文明古国产生了浓厚的兴趣。长大之后想学一种与欧洲语言差别较大、比较特别的外语时，他一向崇拜的当作家的伯伯给了他决定性的指导：“你应该学中文，别看中国现在是个发展中国家，还比较落后，但毕竟是个几千年的文明古国，而且发展势头一直向上，将来会是个非常发达的国家。”

大龙与孩子们一起学写大字。第一步：描红模子

他在斯德哥尔摩学了两个学期中文。“说老实话，刚开始时还是有点怕的。”大龙承认。在西方，人们把学中文视为畏途，形容某件难事就说“比学中国话还难”。Johan 同学有点发怵也很正常，但军校的经验帮了他。两周掌握课本 80 页内容，“兴趣加上逼自己”，每

逢考试都顺利过关，这大大地鼓舞了大龙的士气。

他还有一条重要的经验，是注重发音。如果口语老师的发音不准，宁可听磁带。他就遇见过一位南方口音很重的老师，总说“粟上有一滋了（树上有一只鸟）”。“鸟”“了”不分，汉语拼音 z、c、s 与 zh、ch、sh 不分。于是他就重施中学“逃课”的故伎，自己听磁带学习。“学任何一种语言都要重视发音，发音准了，书写一般就不会错。”后来他到中国，一开口讲话就让中国人听着顺耳，人们得知他只学了一年中文，而且是在斯德哥尔摩学的，无不表示惊讶。

1986 年，他得到一个到中国当陪同的机会，终于可以一圆他的中国梦了。不过，一下飞机他就遭遇了“温柔一刀”。“我第一次来到北京是在 1986 年的夏天。当然了，那是个天气燥热的夏天。当时我要从机场打车到市区，出租车司机要价 50 美元。虽然当时我并不知道应该是什么价钱，但凭着我去过许多国家的经验，我知道我应该跟他讨价还价。最后我们以 15 美元成交。后来才知道，我还是被‘宰’了。”

这一刀“宰”得还不太痛，所以一直被他当成一段有趣的往事屡屡提起。毕竟得大于失，他在北京的那段经历成为终生难忘的回忆之一。当然还有这段经历伴随着一般瑞典人难以承受的酷热。“那次我住在复兴门边上的一个小旅店，每个房间住 8 个人，因为价格是每人每晚 8 元，很便宜，大多数的客人都是卡车司机。我当时的如意算盘是，我身边随时保持 7 个免费的中文老师。卡车司机们来来往往，我就有了数不清的中文老师。”他的“如意算盘”一方面可以真正接触这个国家的普通人，一方面可以最高效率地锻炼口语。司机通常见多识广，掌握最鲜活的词汇，而且喜欢与人交流。在三个星期高密度的 Q&A 游戏中，大龙的中国话有了质的飞跃。

此行还有一个重要的收获是，一位导游得知他出生于中国农历的龙年，便送他一个绰号“大龙”。这位导游可能也没想到，“大龙”这个名字后来在中国居然非同凡响。

1988年，大龙正式到北京大学化学系留学。起初我有点奇怪他为什么不到中文系学习，后来一想，他的中国话已经过关，如果和一群留学生从“树上有一只鸟”读起，实在太浪费他的智商。和中国同学读唐诗宋词，钻故纸堆又太费工夫。学习自然科学可以把自己的专业基础打牢，而在中国同学的包围中又容易完善自己的中文，岂不又是一举两得？

1990年完成北京大学的学业后，他考回母校读分子动力学专业的研究生，1994年获硕士学位。毕业后他又重返中国，他下决心要到这个和瑞典大不相同的国家换个活法，在充满机会的北京创一番事业。他说：“我一向主张年轻人应该到一个和本国文化差别很大的国家生活一段时间，哪怕是刷盘子，也能丰富你的人生，多学会一种思维方式。”他还说：“我会多种语言，有利于博览群书。我似乎有3副眼镜，瑞典的、美国的、中国的，这样我可以用不同的观察方式看世界，视野岂不是更开阔？”

中国和瑞典的差异吸引了到过许多国家的大龙，他最终选择了中国。瑞典900多万人口居住在126万平方公里的国土上，中国竟有13亿人聚集在960万平方公里的陆地上，人口密度之比就不用说了。瑞典是个凉爽有时甚至寒冷的国度，很多人想不起空调的作用，连续几天摄氏30度就要出人命了。中国幅员辽阔，北方有寒冷近乎瑞典的地方，南方一生没见过雪的大有人在。瑞典非常安静，以至有人安静到真的“不说话”而去看医生。中国非常喧嚣，偏远山区不算，一般的城市都是车水马龙，人来人往，热闹到想“不说话”都难。瑞典应属发达国家，生活水准居世界前列。中国是世界上最大的发展中国家，发展很快但人均GDP还很低，问题不少但充满机遇。

也许在旁人看来，凭大龙的聪明才智、学历和见识，在本国或欧洲、北美找一份不错的工作，过上安定幸福的生活不成问题。但是，大龙本质上是个喜欢热闹、喜欢挑战的人。从他小时当“拍卖师”，中学时组织啤酒罐收藏协会、开绘图公司，大学没毕业就跑到中国的“大车店”里练口语，就可以知道他的血液中有一种不安分、爱冒险的文化基因。所以与欧洲、北美反差最大而又历史悠久，相对落后但朝气蓬勃的中国，成为大龙最向往的地方。

已故的陈毅元帅说过：“我是个喜欢热闹的人，哪儿热闹我去哪儿，我去之后那里就更热闹了。”他当外交部长时确实让外界了解了这句名言的含意。大龙也是这样一个喜欢热闹的人，因为喜欢中国的热闹就跑到中国来，来了之后，还真能让他所到之处更热闹。人们发现，无论电视台还是公关界，只要有了大龙就热闹。大概是因为瑞典不够热闹，大龙才到中国来“凑热闹”。来自雪乡却不怕北京的暑热，来自安静国度却要到中国“凑热闹”，正如斯文的大龙偏爱狂野的重金属音乐，多少有点让人纳闷。

说到这里，大龙笑了：“我上辈子一定是中国人。”

《中国式公关》思路新

大龙踌躇满志地再闯北京，从此与中国结下不解之缘。

大龙认为他的中国生活应该从 1994 年算起，以前在北京的旅游和留学，不过是为在中国创业做的精神准备。

北京，应该算是大龙“中国梦”开始的地方。最初，他曾注册了一家做进口微型高尔夫球设备的公司，走出了“万里长征的第一步”。一次和一个电台的朋友相遇，两人聊起北欧音乐，他让对方颇为惊异。那位朋友发现大龙对音乐很有研究，而且那口中国话着实漂亮。这样一位音乐行家兼中国通，不出来做 DJ 实在是一种人才浪费。于是他力邀大龙到交通音乐台，主持《北欧音乐》、《音乐时空》节目。大龙一出场，就立马儿给中国的音乐爱好者打开了一扇窗子，让大家领略了北欧音乐的清新风光。

好像是恩格斯说过这样的话，“音乐对于非欣赏的耳朵，不起作用；美食对于非品尝的舌头，没有意义。”大龙绝对不是无趣之人，他从小就对音乐和美食有浓厚的兴趣。他和前妻在电视台还开了一档教如何做西餐的节目，这对于具有品尝舌头又喜欢自己动手做美食的观众极有吸引力。而他边说边做的过程因为有趣，居然也能吸引一部分“非品尝舌头”的观众看热闹。后来写了一本《西餐伺候您的胃》，也挺受欢迎。

中国有句话，说是“怀才和怀孕一样，迟早是会被别人看出来的。”大龙的才华引起了许多媒体的注意，于是这个瑞典年轻人开始频频亮相电台和电视台，兼职做了8年主持，还在不少节目中做嘉宾。后来即使不再做主持，各电台、电视台还是时不时地请他露露面，总希望他给节目增光添彩。中国观众也越来越喜欢这个有聪明大脑门的瑞典小伙子。

不过，大多数中国观众不知道，这个聪明小伙子只是兼职主持，他又在成功地玩着一心二用、一心三用甚至一心N多用的把戏。毕竟太忙了，微型高尔夫球设备公司转给了别人，曾经开过的一家唱片公司也无疾而终。但是他在担任伊莱克斯中国形象策划部经理时，创办了自己的公司——易为公关，开始迎来事业的辉煌。大龙认为，从媒体进入公关行业似乎是水到渠成。“可能是我做主持人出了点儿名，有些人来找我给他们介绍一些人做开幕式、发布会什么的，我当时就觉得这可能是个商机。”

大龙自任易为公司的CEO，他对自己事业的前景做过认真的考量。他采访过世界500强企业中至少70位以上的公关经理，以便为自己的公司把握准确的定位。他发现，这些受访者大多只把公关公司分为两种：国际的和本土的。这些公关经理们这样描述公关公司：国际的公关公司要价高、傲气，但是专业，有策略性；而本土的公关公司没有策略性的概念，但动作快，与媒体关系密切，服务态度好。虽然各有各的特点，但是那时没有一家公关公司有自己明确的定位。“定位对于任何行业的企业都是非常重要的，拿汽车来说，说到安全那就是沃尔沃，说到开起来舒适就是奔驰，坐起来舒适就是宝马。客户会根据自己的需要来选择买哪个品牌的车，没有定位只会导致企业间打价格战。”

他还采访了100多位媒体工作者，其中一个总编辑令他印象深刻。那位老总说他不喜欢公关公司，因为公关公司就是把客户的宣传稿子递给媒体，中间收取高额的劳务费，这样的公关公司根本就没有做到任何的增值服务，其实就是一种特殊的广告公司。这样一来，大龙就总结出了公关市场的矛盾，即公关公司既不真正了解企业的需求和特点，也不懂媒体真正想写的东西。所以大龙认为，易为公关应该定位于“知识导向型沟通”，让媒体真正了解客户，并且能够更深入地进行报道。“这也就是易为所一直倡导的知识导向型媒体关系。”

大龙强调“Communication（沟通）至关重要。”为了能切实了解客户和消费者的需求，他要求他的公关顾问到需要服务的客户公司去实习。“我们现在是宜家家居服务的顾问，大多数人都曾穿过宜家家居销售员的黄色制服在商场里卖过东西。我们的员工至少要待上两个星期才能算初步了解客户，然后才有资格做宜家家居的顾问。”

宜家进入中国时，首选易为公司合作。大龙他们就先去采访宜家中国区经理，了解宜家产品的优势，然后和媒体接触，了解记者的想法，之后再向宜家提出一系列的公关宣传策略。比如，把北京十几家媒体记者请到上海店参观访问，比如经理穿睡衣开发布会，让记者躺着看投影介绍，感受宜家所代表的瑞典生活方式的舒适，这些都让深陷于“信息疲劳”的“老记”们耳目一新，从而激发了他们的报道热情。现在，宜家的品牌在中国家喻户晓，已成为优雅生活的标志。

同样，伊莱克斯的一次活动也反响强烈。在这次活动中第一个买冰箱的顾客，可以享受瓦尔德内尔亲自送货的待遇。中国人十分喜爱的瑞典球星一身蓝领打扮，笑容可掬地蹬着中国常见的三轮车送冰箱，本身就是一个幽默而又温馨的场景。我猜想，那位顾客，会把老瓦送上门的冰箱当做他家中最具纪念意义的家当，别的顾客也会从此对伊莱克斯产生好感。老瓦送货拍成的图片成了最好的广告，其蕴含的信息量远胜过千言万语。

这样的案例举不胜举。

易为公关的业务量以年平均 70% 的速度增长，公司的机构也从北京扩展到了上海、广州、成都，这 4 处的员工人数已有 120 多人，在中国公关业俨然是"巡洋舰"等级的规模，而中国公关业目前还没有"航空母舰"。大龙的事业风生水起，也许有一天他真的能打造出中国公关业的"航空母舰"。大龙感觉自己在中国的经济大潮中"冲浪"，刺激而富有挑战性。

大龙说："在易为成立初期，我们的客户主要是像宜家家居、伊莱克斯等本身就以高端营销策略见长的国际知名企业，对他们来说在中国寻求一个同样高端的公关公司非常重要，所以他们选择了易为。随着易为在业内名气的增大，此后像索尼、通用汽车等知名的企业也被吸引成为我们的长期客户。随着国际开放，合作机会的增多，许多国内企业都意识到了品牌对于企业的重要性，他们已开始逐渐从简单的对广告的追逐中脱离出来，开始注重建立公司的品牌。在这种情况下，高端的策略型公关公司无疑是他们的一个好选择。所以今后，我认为我们的客户会有很多是国内的品牌。"

中国许多民族品牌知名度还远远不够，这和中国公关业总体水平不高有很大的关系。大龙如是评价："1. 中国公关业不成熟，企业找不到真正的策略型的合作伙伴；2. 公关业比较陈旧，这是因为客户保守，公关公司缺乏好的创意，落俗套。几个小妞拉电子小提琴不算创意，只能算热闹，好的创意必须要和所宣传的产品挂钩。”

好在大龙乐于和别人分享他的创意和经验。2006 年 7 月，他写的《中国式公关》出版，迅速在业内引起强烈反响。短短 6 个月中竟再版两次，英文版在国外也大受欢迎，中文繁体版也于 2007 年 9 月在台湾上市。现在国内外的很多同行还在求购。著名外交官、前中国驻美大使、中国国际公关协会会长李道豫先生郑重推荐，副会长郑砚农先生亲自作序，许多资深公关工作者和媒体工作者都给予了高度评价。以至有人欢呼：“终于有了一本符合中国国情的原创性的公关著作。”这本书在中国公关业中的拓荒意义不言而喻。

当中国很多公关公司的思路还停留在“关系第一”的误区中时，大龙则在强调“知识第一”。当很多公关公司注重“竞争客户”时，大龙却一直忙于“竞争人才”。或许正是因为这些没被多数公关工作者想明

大龙在公关技术研讨会上侃侃而谈

白的问题被大龙“点破”，才使很多人感到“茅塞顿开”，所以有人说大龙“颠覆”了中国公关业。已经能辨析中国话最细微语义的大龙，虽然明白这里的“颠覆”有褒扬之意，但他仍然强调自己“只是有意引起大家的关注和讨论”，而不是“颠覆”。“这个理论不是我们发明的，而是我们总结出来的。写这本书的目的是和大家分享最佳操作方式，是给自己人看的。当然还有一个目的是吸引人才，以这样的理念吸引有野心、有激情的精英分子到我这里来。国内外也确实有一些年轻人要求到易为公司工作或实习，甚至不给钱都可以，就是想学些东西。”

大龙说：“其实在中国管理一个公关公司是很简单的事情。第一，时时刻刻为客户考虑，永远不要因为要赚一点钱而抛弃客户的利益；第二，员工不应是等着公司给工作才做，而是公司要想办法让员工主动为公司工作，公司要为自己的员工提供各种各样的机会，让员工从心底感受到自己是公司的一分子，愿意为公司付出。在易为，资深的员工每星期都能接到很多猎头公司的电话，如果公司不能提供机会，不能提供愉快的工作氛围，他们自然就会“跳槽”，但现在他们已经深深地融入易为的文化之中，不会轻易动摇了。第三，让公司有清晰的定位和独到的定位工作模式，如今中国大同小异的公关公司太多，要区别于这些公司我们必须有自己清晰的定位和独一无二之处。刚开始，公司努力地找客户，考虑如何赚钱，如何让企业生存下去，而现在，最大的转折是我们发现需要竞争的不是客户而是人才。中国公关界急需相关的专业人才。中国如今的公关公司处在所谓供不应求的阶段，虽然数量众多，但真正能给客户提供高端战略性服务的公司很少，在这种情况下，像易为这样拥有高素质公关专业人才的公司变得很抢手。所以从管理的角度来说，整个公司的竞争策略将放在如何吸引和保留优秀的公关人才上，而不是放在竞争客户上。我们在选择客户方面非常谨慎，因为客户不再是简单的收入来源，而是直接决定了公司的发展方向和公司的服务类型等等问题。”

易为公关公司的办公室很另类，办公桌的摆法与常见的一人一个格子的布局大不一样。大家都在一个大开间里工作，大龙也和大家一起干活，发扬“密切联系群众”的作风。每六张电脑桌对在一起，每六人围成一圈面对面地办公，看上去好像在分组讨论，实际上各忙各的。当然这种布局也确实有利于交流，有助于团队精神的增强。办公室到处可见盆栽植物，郁郁葱葱，和一大群年轻人充满朝气的脸相互映衬，让人觉得这个公司生机盎然，前途无量。大开间隔出一块角落用以会客，或者让大家工间小憩。大龙正在这个角落里接受我的采访，助理端着一盘甜点和小西红柿进来。我连忙客气几句，没承想人家并非专门款待客人，这只是他们的“下午茶”。公司里有专门的茶歇区，下午三四点的时候，大家停下手上的工作，吃点点心、水果，放松放松。这让我对易为公司的管理方式颇感新奇。

我故意“居心叵测”地问大龙的属下：“你们的老板属于温和型还是严厉型的领导？”回答不假思索：“温和型的。”“如果你工作不力，他也不发脾气？”“没见过他发脾气，有困难他会引导你如何去解决。他永远为公司的人着想，如果发展一个客户，会伤害一个员工，那么他宁可放弃这个客户，在他看来人是最重要的。”这个回答让我多少有点惊讶，也有点感动。中国人大多有一种“士为知己者死”的信念，遇到这样有魅力、有人情味的领导，谁还会吝惜自己的才情？猎头公司在这里确实难有作为了。

易为公关的事业蒸蒸日上，公司的规模越来越大，光北京总部的人就超过了60人，办公的空间已经显得有些狭小。为了给自己和团队伙伴准备一个“瑞典龙”和“中国龙”一起腾飞的空间，公司于2008年年初从原来的地址搬到了朝外的丰联广场。

瑞典龙参与中国崛起

大龙看好中国的发展前景，他对自己的事业充满信心。他最美好的青年时代在中国度过，为东西方的经济与文化交流作出了贡献。从1998年起他连任中国瑞典商会副主席至今，其间还担任过两年中国欧盟商会的财务总监。他是一位成功的商人，也是一位勤奋的文化人，他的努力得到了中外人士一致的赞扬。他在继续奋斗，“下一步”计划已经提上日程，而且还是一贯的一心二用甚至一心N多用。

他在扩展易为公关公司业务时发现，随着中国经济迅速发展，大型活动增多，而组织活动的专业公司并不多。于是大龙又找到了一片需要“拓荒”的新领域，准备组建专门承办大型活动的公司。这位小学一年级时就组织过拍卖活动的天生的组织者、领导者，是否会过两年再写出一本《如何组织大型活动》的书也未可知。

他在中国十几年，感觉外界“对中国着迷的人越来越多”。为了帮助外部世界了解中国，他在瑞典到处演讲，介绍中国文化和社会现状，并写了一本专门介绍中国文化历史的书籍《I Mittens Rike》，斯堪的纳维亚半岛上的读者反响热烈。他不满足于此，还自己动手译成英文，计划出版此书的英文版，让更多的人了解中国。

他与许多外国朋友接触，知道他们学习中国文化时的难点。他写过一本由耶鲁大学出版社出版的《如何写好汉字》，在世界范围得到了广泛的好评。由此他生出建一个教育网的想法，专门教外国人学习中国文化。“我以一个外国人学中文的体会教外国人，也许比中国人教的效果更好。”

大龙的精力似乎是无限的，他开公司、做主持、写书、演讲、建网站，忙得不亦乐乎，每天工作约十三四个小时。他豪情万丈地说：“我

“瞧我像不像个北京人”

在参与‘大国崛起’！”

他还在钻研他热爱的中国文化，这阵子看起了《古文观止》。为了开展南方的业务，最近又在学习广东话。他的中国书法已具有相当水平，他在送给我的《中国式公关》扉页上的题字，清俊秀雅，比大多数中国人写得还好看。特别是落款“大龙”用的是繁体字，颇有点“飞龙在天”的飘逸感，现在一般的年轻大学生已经写不出来了。

他对自己目前的工作和生活都很满意。他很会调节自己的生活节奏，每周要游几次泳，姿势谈不上专业，能保持北欧男子的健美身材就行了。他有时会到地坛公园散散步，感受古老文化的氛围；有时会到宜家逛逛。“因为那对我而言就像回了趟家。那里是完全的瑞典风格，跟斯德哥尔摩的宜家商场没有什么区别。而且北京没有其他地方卖比宜家更正宗的瑞典美食了。”

他爱北京。他说：“北京是我的家。虽然斯德哥尔摩也是我的家，但那是两种不同的感觉：斯德哥尔摩是我的母亲，是陪我成长的地方；北京是我的妻子，是伴我左右，让我走向成熟的地方。你能说我更爱哪一个吗？”他准备在中国长住，并且有意说服他的父母都到中国来共享天伦之乐。

当初他怀着对另一种文化的好奇心而来，到这里就发现北京“空间的广博给人心理上的开阔感，也意味着市场的广阔和潜力的无限。”他欣赏北京的包容，“无论外国人、外地人还是新生事物，都敞开胸怀欢迎。”他的事业就是在这里起飞和发达的，飞龙在天当然不会忘记腾飞时的支点。所以他说：“我的外表决定了我永远不可能是真正的中国人，但我想拼一个荣誉北京市民。”

其实，中国人早就把他当成真正的北京市民了。

文 / 绿杨

小档案

姓名： 矢野浩二

国籍： 日本

职业： 演员

在中国生活时间： 7 年

与阳光一起灿烂

他是一个来自日本的青年。提起他的名字矢野浩二，也许不少中国人不大熟悉，但看到他的照片时，人们会恍然大悟，原来，频繁出现在二战题材的影视剧中的“日本鬼子兵”就是他，难怪他演得那么活灵活现呢。走近这位潇洒、俊朗、充满阳光的大男孩，人们才发现，他不仅是一个表现力丰富的性格演员，还是一个谦逊和蔼的邻家好孩子。

中日关系乍暖还寒，日本小伙儿矢野浩二却在中国拥有很高的人气，这让日本人多少有点吃惊。在网络的各种搜索引擎上，都能轻易找到 10 万、20 万以上有关他的条目。在百度的“日韩明星”版块中，“矢野浩二吧” 的点击率一直居高不下。他的中文博客“与阳光一起灿烂”也有庞大的读者群，可见人气之盛。

最近，他被非常有影响力的杂志《Newsweek Japan》评选为“100个被世界尊敬的日本人”之一。

入选者都是被媒体誉为“开拓新世界的冒险家”，因事业成功而赢得世界尊敬的日本知名人物，其中有成功的大商家、国际影星、著名作家、运动员等等。在这张星光灿烂的名单中有现在风头正劲的，如电玩游戏《口袋妖怪》之父田尻智，名演员兼导演北野武，参演过电影《最后的武士》和《艺伎回忆录》的渡边谦，原相扑手“大关”小锦；也有国际

上久负盛名的，如作家夏目漱石、川端康成等。矢野浩二能与这些人并列，足以说明他国际声誉之高。

有中国朋友对他说“おめでとうございます（恭喜恭喜）！”浩二却是一脸诚惶诚恐，整个儿一个谦虚谨慎的好孩子。

从《午夜凶铃》到《走向共和》

浩二现在片约不断，还经常应各电视台之邀做节目、当嘉宾，忙得不亦乐乎。最近刚在东北完成一部系列的情景喜剧，又要返回日本拍一部电影，然后赶赴云南拍一部电视连续剧。我的采访只好插在他去日本的前夕进行。

浩二和他的助理在一个咖啡馆的角落里安静地等着我。他很会选地方，在这里不会因为他被“粉丝”包围和索要签名而影响我的工作。握手时我能感受到他日本式的谦恭，那张中国观众已十分熟悉的脸上始终挂着微笑。浩二在荧屏上能正能邪，有时潇洒，有时嚣张，有时友善，有时凶残，有时深情款款，有时惶惑不安……应该属于表现力丰富的性格演员，然而私底下依然保持着谦逊和善解人意的本色。得知我过去从事过中日文化交流工作，立即一口一个“大前辈”地称呼着，让小老汉心中好不受用。

一个日本小伙子在中国的演艺界多年打拼，闯出一片天地，进而入选“100 个被世界尊敬的日本人”，浩二所经历的绝非一般的苦辣酸甜。然而，不论怎样的往事透过咖啡的清香娓娓道来，都会变得温馨和耐人寻味。

浩二 1973 年出生于大阪的一个普通职员家庭。日本人名字中的数字通常是他的排行，但浩二并非一般人所想象的老二。“我本名并不是浩二，而是浩司。到中国后，朋友们说‘浩司’的汉语发音很像‘耗子'，我就按日语的谐音改为'浩二'。我上面有3个姐姐，实际排行老四，大姐都有40多岁了。"

"你是家中的小儿子，唯一的男孩，肯定很受宠了？"

"哪里，我老爸对我要求很严，而我又到了叛逆的年龄，所以总想走出去，离家远远的。"

中国有句老话："不是冤家不成父子。"看来日本也差不多。现在浩二长大了，开始理解父亲了，父子间不再剑拔弩张。这两年看到父亲显露老态，他心里也有一种酸酸的感觉。

19岁高中毕业后，浩二在大阪的一个酒吧里做调酒师。一次，一个熟识的客人忽然对他说："浩二，你窝在大阪这个城市有什么出息呢？去东京当演员吧。"浩二后来回忆说："他也许是开玩笑，但当时我觉得当演员应该很不错，不如到东京试一试吧，接着就辞掉了工作，离开大阪，加盟了东京的太阳音乐公司。"其实，那位客人也不见得是开玩笑，应该说浩二的脸棱角分明，1米75的身材"苗条"匀称，具备当艺人的良好"硬件"。虽然浩二曾自嘲上学时不被女同学注意，从来没在情人节接到过巧克力，但19岁时也已初具"帅哥"规模。至于"软件"，只需在岁月和社会的打磨下，增加一种成熟男子的气质和魅力，提高自己的艺术素养就行了。

我告诉他，最近有些网友在网上讨论"矢野浩二与木村拓哉谁更帅"，浩二笑着摇头："人家是巨星，我哪能跟他相比啊！"我有意逗逗他："有不少网友认为木村个儿矮，有点'女女しい（脂粉气）'，不如浩二阳刚。"浩二更是连连摆手，好像忘记了自己大小也是一颗"星"。

当然，他的星途没有木村那么顺利。他的第一个角色是死人，没有台词，连表情都没有。后来他还扮演过不良少年、警察等角色，他不管角色大小，都认真对待，不断地磨砺着自己的演技。他始终抱着这样一种态度：就是演死人，也能学到点东西。在《午夜凶铃》的第三部中，

浩二出演丹波一彦，最终被贞子害死。这是浩二在东京所扮演的众多配角中比较出彩的一个，起码“死”得挺惊悚，让人印象深刻。

浩二回忆起东京的那段生活，最大的感受是紧张、压力很大。“那个时候挣得特别少，公司给我租的房子特别小，就只有这么一小块，只能躺在地上睡觉，没有办法做饭，也不能洗澡，用的都是公用厕所。每个月工资是3万日元（约合2000元人民币），日本的平均工资一般是20多万日元。每天一睁开眼睛，我就想，今天要怎么活下去。”要知道，在那个高消费的城市里，3万日元连吃饭都成问题。一位巴基斯坦留学生曾在电视台说，她曾用3万日元过了一个月，在场嘉宾竟一片惊呼。由此，我们大致可以估计出浩二承受的生存压力。

一次偶然的机会，浩二经人介绍来中国拍华谊兄弟投资的《永恒恋人》。五个主要演员中，浩二是其中唯一的日本演员，那四位是安雯、陈建斌、吴越、李幼斌，现在都是名气不小的优秀演员。这是浩二第一次来到中国，当时的他一句中文也听不懂，对于中国的了解仅仅是看过动画片《大闹天宫》。演完之后，浩二又回到了日本。但这次演戏的经历却给浩二留下了“很舒服”的回忆。“在中国拍戏，感觉很随意，气氛很轻松，我对那次拍戏念念不忘。回去之后，我开始跟日本进行比较。在东京，人与人之间并不是那么密切，感觉压力比较大，工作上的伙伴很难成为真正的好朋友。但在中国却不是这样，工作的伙伴也可以成为很好的朋友。”同样，浩二认真工作的态度，也给中国同行留下了良好的印象。荧屏上那个痴情的日本小伙子川岛，让中国观众发现了一个异国气质的青春偶像。

2001年，浩二决定只身闯北京，当时怀揣自己的全部家当——90万日元，约合6万人民币。初到中国的日子并不容易，先是长达半年多处于“无工作状态”。“基本没有拍戏的机会，朋友也不多，中文水平非常差。”于是浩二决定先到北京语言文化大学学习汉语，“那会儿基本一天到晚就是学习，我住在朝阳公园附近的六里屯，每天早上坐一个小时的公共汽车到五道口，上半天的课。中午下课就直接回家，然后复习功课、看电视，想通过看电视学习汉语，但那时电视是完全看不懂的。”

生活是艰难的，但浩二还是愿意试试在北京生存。因为他不怕吃苦，而且他发现周围的中国人很友善，不少人都会说：“はじめまして、どうぞよろしく（初次相见，请多多关照）”和“こんにちは（你好）”、“さようなら（再见）”等简单日语，这让浩二感到很亲切。应该说，这个城市的包容、大气，也坚定了浩二在北京当“洋北漂”的信心。

浩二知道“坐吃山空”的道理，既然还没“开源”，那就只能“节流”，精打细算地使用每一分钱。他曾说最爱吃的食物是寿司和羊肉串，寿司可以寄托思乡情绪，羊肉串是廉价的蛋白质，可以补充基本营养，但也有吃不起的时候。好在有朋友照顾，时不时还有饭局可“蹭”。中国朋友知道他囊中羞涩，都抢着买单：“浩二是客人，别让他掏钱了。”

于是，浩二就“客随主便”。后来他有戏拍，也就有能力回馈朋友们的“一饭之恩”了。一次在电视台回忆这段艰难而又温馨的岁月时，他的黑色幽默引发了现场一片笑声，他和朋友的故事也感动了在场的嘉宾。

浩二的时来运转是在《走向共和》里扮演明治天皇。“来中国8个月之后，《走向共和》的摄影师池小宁，也是当时我在中国仅有的三个朋友之一，给我打电话，说他们正在大观园里拍一部戏，里面需要几个日本人的角色，让我去试一试。我马上赶到那里，池小宁就把我介绍给导演张黎，张黎一见到我，就大喊‘天皇’。我当时还听不懂‘天皇’是什么意思，旁边的翻译讲给我听的时候，我马上高兴得想跳起来，这对我来说就是一件出乎意料的事情。”

浩二抓住了机会，一个地道日本气质的天皇给这部连续剧增添了真实、厚重的历史感。浩二引起了中国观众和中国演艺界的注意，也引起了日本媒体的关注。日本记者很感兴趣：这个无名小子是抱着什么样的信念出演日本天皇的？浩二表达了自己的决心：要为日中友好架设桥梁。日本报纸以相当大的篇幅报道浩二参演《走向共和》，并突出报道他要为日中友好作贡献的决心。

从大阪到枣庄

浩二是那种“给点阳光就灿烂”的人物，只要有机会，他就能脱颖而出。《走向共和》引起了人们注意，接拍《记忆的证明》更是让他声名鹊起。

浩二在剧中一人分饰两角，即冈田总监和他的孙子青山洋平。他饰演的冈田，展现了战争时代人性的复杂，是一个不同以往的日本军人形象，让看多了面目狰狞，声嘶力竭的“鬼子兵”的中国观众顿感耳目一新。不少观众感慨，这才是真正的“鬼子兵”，以前银幕上多数“鬼子

《记忆的证明》剧照

兵”是没有血肉、没有思想的杀人机器，只剩下简单、残暴了。浩二创造了一个有立体感的“鬼子兵”形象，让人们明白，正因为面对这样凶残而不简单的敌人，我们的抗日战争才会打了8年之久。

当时，朋友得知这部戏中需要一个日本演员担当主角，便向剧组推荐了浩二。浩二不无得意地说：“这个角色我差不多是骗来的，我在日本就知道杨阳的名字，也太想演冈田这

《记忆的证明》剧照

个角色了，我到杨导工作室跟副导谈了两个多小时，杨导回来后把剧本给了我，让我回去准备准备再试。我回去看剧本，灯坏了，就去换，结果跌下来了，起码要6周才能好，我都差不多绝望了！可我还是去见杨导了，她一见我就惊呼：哎呀你不要紧吧？不过我骗了她，说我的手受了小伤，一周就好了。”

演戏的过程也是一次学习历史的过程。日本60岁以上的人了解二战的历史，他们知道日本军国主义曾给中国人民带来了巨大的伤害，他们中不少人对中国有一种歉疚感。但中、青年人所受的教育有“历史缺失”，所以当杨导让他熟悉二战的时代背景时，浩二承认，刚看到那些材料和杨导给他的照片时，他也一惊：“怎么是那样的？”

和大多数有良知的日本人一样，在了解了那段历史后，浩二敢于正视历史。他喜欢这个剧本。他认为，冈田是个真实的人物，他太想挑战这个角色了，甚至对杨导说：“不给我报酬我也愿意拍。”他做了认真、充足的准备，花了很大气力研究剧本，分析角色，以便拍摄时迅速“入戏”。他说：“一次拍戏时由于过于投入，手被笔扎出了血我都不知道。杨导演发现桌上、地板上都滴着我的鲜血，赶紧叫停，这时我才感到疼。这是我最难忘的一部戏，由此我与杨阳签约，成了北京金色池塘影视公司的演员。”《记忆的证明》获得了2005年度“飞天奖”的最优秀作品奖。

杨阳导演是浩二的“伯乐”，她看到了浩二身上的“千里马”潜质，所以把浩二签在自己旗下。从此浩二片约不断，特别是许多二战题材的“红色经典”重拍时，导演们都会想起浩二。让面目俊朗、表演更有内涵、有层次的浩二，重新演绎过去那些平面化、漫画化了的“鬼子兵”，会更具历史真实感，也更具观赏性。

浩二果然不负众望。他在《小兵张嘎》、《危情24小时》、《张伯苓》、《逐日英雄》、《红衣坊》、《大刀》等十几部电视剧中都有上乘表演。

《大刀》剧照

在《野火春风斗古城》和《烈火金刚》中，浩二分别出演了多田和毛利这两个反面人物。为了不雷同，他把《烈火金刚》中的毛利设定为日本关西地区出身，台词使用的是关西方言，并在戏中刻画了一个情绪层次相当多的“日本鬼子”形象，完全摆脱了过去中国演员扮演“日本鬼子”时的“脸谱化”的形象。

在山东枣庄拍摄连续剧《铁道游击队》时，山里、湖上、铁道上的镜头多，夜戏也多，条件又很艰苦，让浩二饱尝了“饥寒交迫”的滋味。但他和中国演员一起同甘共苦，没有一句怨言。他的敬业精神、正视历史的勇气和有深度的表演，让剧组同仁深感钦佩。有一天赶上浩二过生日，剧组特意给他送上生日蛋糕。蛋糕上有火车头的图案，这应该看做是“铁道游击队”的LOGO。下面还写着一行汉字“大阪—枣庄”，象征着他从故乡大阪到北京，又从北京到枣庄的传奇经历。这一行字是不用翻译的，因为中文和日文都这样写。那天，他手上脖子上挂满了大家送的礼物，浩二感动得热泪盈眶，频频鞠躬。

许多影迷喜欢矢野浩二，一方面是欣赏他对自身演技的执著追求，工作中的敬业精神，另一方面欣赏他待人接物时那谦虚、平易近人的态度。正如公司里的同事说的：“他这人没架子，好像想不起自己是明星。”再就是佩服他作为一个日本人，敢于直面过去那场战争，并且有自己对战争与和平的思考和理解。他曾经说过：“我想，世界上的绝大多数人一定都对和平充满着强烈的渴望，但是少数日本人却采取了错误的方式来表达这种愿望，对此我感到非常惭愧。日本的个别领导人总是强调‘个人的精神问题’，但是我希望，他们在采取任何行动时都应当具备更高的理想，那就是努力寻求全世界的和平。”

这是一种境界，一种超越了种族、地区、国家的境界。一个30出头的年轻人能有这样的思想境界，是难能可贵的。

但不是所有的人都理解他。在《记忆的证明》开播前的记者招待会上，很多日本媒体来到现场，浩二当时说希望通过这部戏，能够促进中日交流，希望这部戏在日本播出。但一家大报做了一些夸张和扭曲的报道，附加一些拱火的评论或暗示，有意无意地在日本国民中制造浩二的负面影响。《记忆的证明》开播后，有一些日本人在他的个人网站上捣乱，留恶意信息，骂脏话，甚至威胁他："浩二，你不要再回日本了。"后来随着浩二几部作品的热播，日本右翼激进分子更是咬牙切齿。去年浩二回国探亲，就遭到一些人的围殴，所幸没有造成严重的伤害。

对于一些对二战患有"选择性记忆缺失"心理疾病的人来说，浩二是一只讨厌的乌鸦。对敢于说实话，敢于揭示真相的人，他们围攻、打击，甚至采用龌龊的手段，但浩二并没有屈服。他说："我不怕，因为错误的事情终究是错误的。"实际上，现在理解浩二的日本人也越来越多了，日本的媒体也开始更多地做正面报道了。日本四大新闻媒体之一的《东京新闻》，在2007年5月3号，登出了特别友好的报道。他们给浩二做了一个版的专访，标题是《友好のために演ずる（为了友好，我演下去）》，写了许多浩二对中国的看法，是比较客观的。今年MBS电视台到北京追踪采访浩二两天，向日本国民介绍他在中国的工作和生活，这些日本记者也惊讶浩二在中国受欢迎的状况。

对于挨打，他很大度，"都过去了，现在都稳定了。"他甚至不愿评论那些打他的人，一笑了之。这种开阔的胸襟，让中国人对他增添了几分尊敬，让日本人多了一层理解。

从"中国医生"到"日本律师"

浩二在十几部电视剧中饰演"鬼子兵"，有时连服装都差不多，但他一直努力让这些角色有所区别，争取每一次都能给观众新的审美体验。令他欣慰的是，中国观众高度赞赏他的努力，而且在观赏电视作品时，对角色的道德评判和审美评判分得很清楚。也就是说，观众一边对"鬼子兵"的罪恶作出准确的历史评价，一边对演员矢野浩二的表演艺术给予充分肯定。

但是，浩二不满足于此，他认为自己遇上了事业发展的"瓶颈"：凡是拍二战题材的影视片，导演们都把浩二当做"鬼子兵"的首选人物，浩二一度被朋友们戏称为"鬼子兵专业户"。对演员来说，这是一种荣幸，说明大家认可你在某类表演行当中的特殊地位；同时又是一种桎梏，因为你被"类型化"了，没有机会去尝试别的角色。正如演艺圈里流行的一种说法："你演过一次茄子，以后凡是带紫色的角色就都找你。"浩二当然不想当这个"茄子"。所以当人们问他"你现在最大的愿望是什么"时，他就会说："演一个中国人。哪怕需要我等一辈子，我也愿意。"

我相信，不少中国人听到这句话，一方面会肃然起敬，为这个演员想要突破自己的巨大决心深表敬意，另一方面也会对他的愿望能否实现将信将疑，毕竟中国话不是他的母语啊。浩二虽能熟练地驾驭中国话，但艺术化的台词不是闹着玩的，一些中国演员的台词还难免受到讥评，况且外国人与中国人还有气质、神态上的差异呢。如果真的需要浩二等上一辈子，那么，命运对浩二又未免太残酷了。

然而，皇天不负有心人，浩二的愿望用不着等一辈子就实现了。2007年，他应邀到东北参加情景喜剧《天天好生活》的拍摄，出演一个中国整形医生。在剧中这个角色一直暗恋著名演员王姬饰演的整形医院的女院长，大量的对手戏考验着浩二的台词能力，也考验着他的演技。穿着医生白大褂的浩二显得风度翩翩，眼神时而含情脉脉，时而专注认真，动作温文尔雅，完全没有了“鬼子兵”的暴戾之气。这个角色，是浩二演艺生涯中一个重大突破。

和往常一样，他和中国同行相处得很愉快，特别是和女一号王姬很投缘。当年电视剧《北京人在纽约》曾轰动一时，王姬饰演的“阿春”曾迷倒无数男性观众。浩二当然知道王姬的名气和实力，人前人后都尊称她为“王老师”。而王姬也很关照这位异国的小老弟，常常给浩二一些不露痕迹的指导：“你看这段戏这样处理好不好？”很委婉、很女性，让人很舒服地接受，而效果也确实很好。浩二感觉跟王老师搭戏受益匪浅：“真学了不少东西——艺术表演，还有为人处事。”王老师还喜欢带很多零食进场，剧组工作人员都沾光解馋，浩二自然更是主要受益者。

当然不是万事如意。浩二遇上的最大考验是：剧本在拍摄过程中不断地修改。情景喜剧非常强调现场效果，有更精彩的语言就立即换掉原来的台词。这一折腾可就苦了浩二，前一天花了好大的力气背下的台词，第二天就在现场被推翻了。浩二说：“过去我进组前总是研究一个月的剧本，现在当场告诉你要改词。天哪，之前的都白忙活了……我简直要崩溃了！”但是崩溃了还得演，新的台词还得记住。就这样，第一次

《天天好生活》剧照

演中国人，第一次接触带有即兴表演性质的情景喜剧，浩二总算撑了下来，而且成绩还不错。

电视连续剧《天天好生活》目前正在东北地区热播，北京暂时还看不到。这个戏的诸多时尚元素肯定很吸引人，由“鬼子兵”矢野浩二出演一位中国整形外科医生，也将是本剧的一大看点。不少浩二迷当然会以极大的好奇心等着看心目中的偶像怎样诠释一个中国人的形象。

很累，很崩溃，同时很快乐。浩二觉得在东北的这段日子，和情景喜剧的剧名相符：天天好生活。东北出过大量的喜剧小品艺人，黑土地养育了黑色幽默，浩二觉得有幸在东北生活、工作一阵子，自己的幽默感都大有长进。而且，他对东北菜也产生了兴趣，别看中国的八大菜系中没有东北菜的地位，但不妨碍浩二把“东北乱炖”列入自己最喜欢的食物之中。拍了一个连续剧，浩二脸上的棱角也变得有点圆润了，看来是日子过得滋润，“东北乱炖”吃多了。这让他有点担心，荧屏的膨胀作用会抵消相当一部分帅气。

我告诫他：“中国情景喜剧之父英达导演说，你要想吃这碗饭（表演艺术），就得不吃饭。”浩二笑了，一边摸着脸，一边说：“英导说得对，我也该不吃饭了。”

据说不少日本同行，非常羡慕浩二每天都可以吃中国菜。日本有很多中国餐馆，但很多菜肴已不是原汁原味的中国菜了。在中国狂吃原版美食当然是件快事，但是浩二必须抵制诱惑，好吃的东西不少，大饱口福太容易了，问题是满足口腹之欲后想保持身材，保住棱角可就难了。

在《天天好生活》之前，浩二还饰演了一些不同于以往的角色。比如《我的太阳》，虽然也是二战的片子，但浩二的角色是正面人物——一位到中国赴任的医学教师，外形清秀儒雅，与女一号还有一段罗曼史。还有《一个人的奥林匹克》，浩二饰演一位短跑名将，当然也是积极意义的形象。其他导演也开始起用浩二出演一些军人以外的角色，不

《我的太阳》剧照

再是一水的“鬼子兵”。不再重复自己过去的表演，这让浩二充满创作激情。说到今后，浩二眼中放光，一副跃跃欲试的架势，就像运动员站在起跑线上等待发令枪响的一刻。

几天后他将飞往日本，参加电影《ふうけもん（流浪人）》的拍摄，有文章说这是“中国人气攻陷日本银幕”。用词未必妥当，但心情可以理解，这是在为浩二得到日本影视界的认可，得到名导演重用而欢欣鼓舞。矢野浩二在电影中扮演律师“岩村”，与日本著名演员中村雅俊饰演的主人公“右京”有不少的对手戏，“岩村”与“右京”的命运纠葛会是一大看点。片中很奇怪的“便利屋”，并不是一个场所而是一个职业，能够提供给人们除犯罪之外的一切服务。谈到具体的内容，矢野浩二也不便多说，只是说通过这个电影他看到了现代人在繁乱世界中的孤独，开始思考一些问题。各种竞争让人们开始只看到利益和成绩，交流也开始变得不平等和不真诚，而“右京”不计功利，不与人竞争，没有虚荣心的工作让他感到很憧憬。浩二认为，拍摄这部电影让自己体会到了很多人生的意义。

栗山富夫先生是日本的一流导演，他导演的系列影片《钓鱼迷日记》曾在 CCTV 电影频道播放，吸引了不少的中国观众。这次的新作品《流浪人》集中了好几位日本当红明星，又邀请了在中国大受欢迎的矢野浩二加盟，很可能打进国际市场。如果电影能进入中国公映，相信一定会吸引为数不少的中国观众走进影院。

说“中国人气攻陷日本银幕”未必妥当，但说浩二“出口转内销”倒比较靠谱。先成名于中国，后荣归日本，重返日本的银幕，成为中日观众都欢迎的明星，这不就是一次成功的“出口转内销”吗？

从“中国医生”到“日本律师”，浩二的艺术之路越走越宽。

从“鬼子兵”到“被世界尊敬的日本人”

浩二出名之后，不可避免地成为各电视台争相邀请的嘉宾。据说在日本，大阪所在的关西地区，人们的幽默细胞比东京人更发达，浩二在电视台做节目时就充分发挥了关西人搞笑的本事，很快得到电视观众的青睐。

在北京台做《非常接触》时，古灵精怪的女主持周群，老辣幽默的男主持侯耀华采访浩二，对他的中文水平是一次考验。浩二应对自如，而且常有精彩表现，得到二位主持的高度赞扬，也引起了现场观众的阵阵掌声和笑声。

在湖南台做客《越策越开心》(“策”，湖南长沙方言，胡吹、瞎聊之意，和北京的“侃”差不多，也可以说是“脱口秀”。），浩二与擅长耍宝的两位主播汪涵、马可大耍特耍，让现场观众笑破了肚皮。这期节目还有日本著名的魔术师小林浩平的魔术表演。这位魔术师只会日文，于是“钦点”浩二当翻译，他表示在日本的时候就听说过矢野浩二在中国演戏的经历，他看过矢野浩二演的戏，很喜欢他的艺术创作，希望能借此机会与矢野浩二合作。就这样，作为本期嘉宾主持，浩二不仅带来了幽默搞笑的演出，而且还“客串”了翻译。他准确到位的翻译、流利的中文令所有观众咋舌。不少观众说：“矢野浩二的中国话太棒了，连汪涵都被‘策晕’了！”

湖南的观众似乎特别欣赏浩二的幽默，所以明星云集的《春节特

做客湖南台《越策越开心》节目

别节目》又把他拉去。他接过导演给他的发套和服装，马上就明白了自己的搞笑任务。他在台上与诸位明星一一握手，到歌手周笔畅时故意紧握不放，一副狂热歌迷的表情，主持人做出夸张的拉拽动作也分不开。周笔畅一时间手足无措，台下一片笑声和善意的嘘声。放手后观众安静下来，他就故意再去握周的手，笑声嘘声又起。事后主持人都惊叹他即兴搞怪和驾驭现场气氛的能力。浩二说："这是大阪式的搞笑，能在台上耍宝很高兴，观众笑不笑都没关系，不过通常都会笑起来，观众有反应，我当然就更开心了。"

2008年年初，中国南方遭受冰冻雨雪灾害，浩二参加"爱的奉献大型赈灾公益晚会"演出，他在台上说："爱是不分国界的，再大的困难只要大家齐心协力，都能渡过去。"话很普通，但从一个和中国人民抗雪灾共患难的"国际友人"口中说出来，让中国人倍感温馨。

这次采访之后，浩二践约回国拍片。就在我整理采访材料期间，日本每日放送电视台娱乐节目《是呀》邀请浩二做嘉宾，其过程是否有趣，那要等以后再问浩二了。不过，从日本媒体对浩二的态度可以看出，日本舆论对浩二的评价越来越好，越来越高。这固然与中日关系转暖的大背景有关。然而不可忽视的是，中日关系从严冬走向早春，与包括矢野浩二在内的众多民间友好人士的努力是分不开的。

这次回日本，浩二还要与出版社商谈出书之事，他计划在北京奥运会开幕之前推出《人生を生きよう》一书，要谈及他从“鬼子兵”到“被世界尊敬的日本人”的经历，他的演艺事业和人生感悟——包括对中日关系的一些思考。

2008年是浩二大展宏图的一年，除了出书，他还准备和两位中国歌手合出一个音乐专辑，“演而优则唱”嘛，这是中国演艺界的规律。听过他唱歌的人说，浩二的声音还挺“专业”，这也难怪，人家正经拜过一位声乐老师学艺呐。只是每次去老师家上课，他都把帽子压得低低的，怕在途中被“粉丝”包围而迟到。

写书、出专辑、拍戏，浩二忙得一塌糊涂，没什么时间玩了。他喜爱登山、骑马、棒球和拳击，前三项只好放弃，最后一项也无法真正实现。好在可以在住处挂一个沙袋，抽空在上面“挥”几拳，过过手瘾。

浩二已经把中国视为“第二祖国”，计划在这里定居和发展。他想在北京买房子，“当然现在还不行，房价太贵钱太少，还得多努力。”浩二说他的下一个生活目标很明确：找个中国姑娘做媳妇，过上中国普通老百姓的日子。他说他喜欢直率的女孩，朋友们告诉他，北京姑娘最直率，符合他的标准。但北京姑娘有点“野蛮女友”的风格，她们要求共同承担家务，而且多数不太会做饭。于是浩二开始学习做家务了，西红柿炒鸡蛋、凉拌黄瓜、下面条等很多中国饭菜都练会了，浩二说他以后更想做个“家庭妇男”。听这话音儿，一个日本原装、中国概念的新好男人在成长。

当然，千千万万的观众还是希望他多拍好戏。走在大街上，他经常会听到有人用日语对他喊：“浩二さん、がんばれ（浩二，加油）！”

文 / 绿杨

小档案

姓名： Luc Bendza

中文名： 本扎

国籍： 加蓬共和国

职业： 加蓬武协主席、演员、民间文化大使

在中国生活时间： 25 年

本扎的功夫梦

他是一个来自非洲的青年，优越的家庭条件并没有让他安分守己地在自己的国家坐享荣华富贵，子承父业，做一名出色的外交官，而是一口气“跑”到了中国的少林寺，与那里的出家人一同吃粗茶淡饭。他在中国一待就是 20 多年，经历了无数次的挫折和困苦，却义无反顾。而这一切皆源于他儿时的一个梦——到神秘的东方中国去学“飞”。

我很喜欢吕克·本扎（Luc Bendza）的笑声，响亮而富有感染力。他一开怀大笑，周围人的心情都会跟着明朗起来。也许只有小说里的大侠才能笑得像他那样豪气冲天、酣畅淋漓。

这位来自加蓬共和国的黑小伙儿，身高 1 米 73，体重 70 公斤，全身脂肪大概不超过 8%。不是那种魁梧体型，而是《水浒传》里浪子燕青那种“急健身材”。本扎属于深藏不露的“练家子”，外表并不张扬，实际一身功夫。他在中国留学、习武，从事文化交流多年，在武术界、影视界都很有些名气。

想“飞”的男孩

有关本扎的报道不少，关于年龄说法不一。我与他核对时，他明确地告诉我们：出生于 1969 年。我说：“怎么有人说你出生于 1973 年？”他一脸诡谲，“他们非要让我再年轻点，我当然没必要不高兴。”接着笑声一起，满座粲然。

于是，故事就从 1969 年说起。

本扎出生在非洲的加蓬共和国，说起来他也是个世家子弟，父母都是官员，妈妈是部长，继父官也不小。兄弟姐妹 10 个，他排行第五。

虽然知道非洲没有计划生育一说，但还是让我吃了一惊。一位女性，养育10个子女，通常只能在家当家庭主妇，没有精力顾及其他。本扎的妈妈不但把10个孩子拉扯成人，其中不乏出类拔萃之辈，而自己居然还能干一番事业，甚至官居要职，为国家大事操心。这即使在“妇女能顶半边天”的中国也是不可想象的。

本扎与妈妈在长城

岂止是“半边天”，这位英雄母亲简直撑起了整个天空。

说起妈妈，本扎一脸自豪。这位妈妈对10个孩子的教育和管理很有一套。本扎告诉我们：“妈妈曾给我们开会，她宣布，谁想上学，就去上，家里给予支持。想出去工作，家里也支持，但吃饭要自己做，钱要自己挣。想出国也支持，但有一个条件：在学校必须考前6名，进不了前6，出国的事免谈。对不起，老实跟家待着。”

本扎能跑到中国，自然是学习成绩达标。“地理、历史OK，数学、物理稍差，但总体还不错，能保证前6，不然怎么能到中国来呢？”从学习成绩看，本扎属于心理学所谓“第一信号系统”灵敏的人，长于形象思维，模仿能力强。这大概是他学武术一招一式尽得精髓，学法、中、英三种语言游刃有余的原因吧。

本扎小时候接触过一位中国翻译，这位大朋友影响了他的一生。在大朋友那里听到很多中国的事，学会了一些中国歌，还跟着学了几招拳脚，这应该算是本扎接受的中国文化的启蒙教育。那时候，本扎看过不少中国功夫电影，电影中武林高手们漂亮的搏击动作和飞檐走壁的轻功让年幼的他痴迷不已，也许因为生父是一位将军，本扎的血管里流淌着尚武的热血，他对中国武术情有独钟。

他想成为李小龙、成龙那样的功夫高手，如果能学到传说中的“轻功”，像电影中的武林高手那样飞来飞去就更好了。十来岁正是多梦季节，本扎的梦总是和中国武术交织在一起。既然学习成绩名列前茅就有出国的资格，他向父母提出了到中国学习武术的要求。但一向民主的妈妈这次却并不“民主”，强烈反对他跑到遥远的中国，学一门很难说能安身立命、养家糊口的本事。本扎想寻求生父的支持，没想到尚武的将军也不赞成儿子这种“不着四六”的念头。

也许是青春期的反叛，也许太想成为武林高手，父母越是反对，他越是坚持。好在当时本扎的舅舅在中国当外交官（后来升任加蓬驻中国大使），长辈们觉得有人保驾不至于出大问题，才勉强答应了他的要求。当然也订下君子协定，学不下去就赶快回来，不要耽误青春。

1983 年，14 岁的本扎终于来到北京。想“飞”的男孩“飞”起来了，但不是轻功的“飞”，而是乘飞机不远万里飞到中国，“飞”向梦想中的目标。

扎马步的少年

到了中国，懵懂少年本扎彻底弄清了“轻功”并不是飞来飞去，武林高手只是身手比常人矫健而已，路还是要一步一步地走。小小的失落让本扎少了几分虚妄的想法，多了一份学习武术的认真态度。

在舅舅的安排下，本扎来到少林寺。当看到武僧们精彩的表演，第一次近距离感受中国武术带来的震撼时，少年本扎血脉贲张。当看到少林寺因武僧练功长年踩踏而坑坑洼洼的地面，少年本扎对武功是怎样练成的若有所悟。他决定留在少林寺，从站桩、扎马步开始，扎扎实实地学习中国武术。

少林功夫素有“未入门先站三年桩”的说法，所谓少林入门功夫，就是一个大马桩步。站桩是在静止状态中修炼内功、强筋健骨、激发人体潜能、储备力量的过程。站桩可以提高人体的耐力、爆发力和抗击打能力，还可以锻炼神经末梢，提高人的反应灵敏度。站桩看似简单，做起来就不容易了。初学者站几分钟就会汗流浃背、两腿哆嗦，而功夫深的人却有站数小时的纪录。练到腿力强健、下盘扎实的程度，格斗中别人就很难把你击倒了。

少林寺的站桩是很严的，每位练功者的屁股下面，都放置一根尖头向上的钉子，让你一刻也不敢懈怠。这对人的意志品质是一种极大的考验和锻炼。本扎说：“在少林寺练几年站桩，天下什么事都不在话下了。”在以后的岁月里，本扎也遇到困难和挫折。每当有点泄气时，他总能想

本扎每天坚持练功，他深知一个习武之人应该做到“拳不离手”

起在少林寺练马步时老师德水大师说过的一句话："越是在你坚持不住的时候，越是要坚持直至最后一分钟。"

初入少林寺，本扎几乎不会中国话，学习一些武术基础动作就靠模仿。"别人怎么动我就怎么动，一些简单动作还可以。"

"一个小孩子，每天重复枯燥乏味的基本功训练，还挺累，你不觉得苦吗？"本扎回答："还可以，因为热爱，所以不觉得苦。"

在少林寺就餐，只能和大家一样吃素，正是长身体的时候，三餐都是馒头、稀饭、青菜，有时甚至就是馒头和白开水，练功又那么累，本扎行吗？"还行，热量够就可以。"看来热爱能化解一切，无论寂寞、清贫的生活，还是繁重、单调的训练，还是清汤寡水的饭食，本扎都不在乎。他说："人生苦短，学武术起码保证了我的身心健康，使我能有更多的精力去做我想做的事。"

虽然语言有障碍，日复一日的苦练，本扎还是隐约地感觉到，自己在电影中所看到的华丽的武打动作，只不过是中国武术的外在形式，而中国武术本身蕴藏着更深层次的内涵。他想探究武术的核心精髓，于是作出了一个令家人和朋友都很意外的决定，他要放弃家里优越的生活条件，长期留在中国继续自己的习武之路。父母本以为让本扎在中国玩玩，学不下去自然就回来了，却没想到他自绝后路，一条道走到黑。由于万里之外鞭长莫及，舅舅身为监护人也不反对，家人只好随他去了。

本扎很清楚，要想了解中国武术的内涵，必须越过语言障碍。但当时在少林寺还没有能系统教授中文的老师，所以，本扎决定暂别少林寺，去学校系统地学习中文。

刻苦的留学生

本扎进入北京语言大学学习汉语。有一位宋老师，专门负责非洲来的留学生，从生活起居到学习中遇到的问题，他都帮着解决。教本扎汉语的是马玉鸣老师，富有教学经验而且认真负责，通常他能让完全不会汉语的学生3个月开口讲话。“那时的老师真负责，你不学都不行。发现你犯懒没上课，老师会到宿舍来找你。”

也许是小时候上学一直保持前6名的习惯，也许是他热爱中国武术急于攻克语言关，本扎的中国话进步很快。不过，至今有点惭愧的是，中国字写得不好，他总觉得把方块字的笔画摆到横平竖直进而赏心悦目的地步，比打出潇洒矫健的武术套路难得多。除此之外，他的听、说、读都不成问题。其实写的能力也不是没有，毕竟后来的本科论文、硕士论文还是得自己完成，只不过字不大好看，用电脑打出来就可以遮丑了。为了“藏拙”，一般签名不用中文，直接写原文“Luc Bendza”。

他小时曾学过英文，幸亏当时比较努力，后来在国际交流的场合不至于“悔不当初”。他说：“不少同学当年不好好学英文，总觉得用处不大，等长大后出来，发现到处讲英语，傻了眼了。‘少壮不努力，老大……’呵呵。”他的英文发音不是伦敦音，也不是北美的，在马来西亚和印度待过，在那里讲英语，语音有点杂，但不妨碍沟通交流。他的母语是法语，学会中、英文后，三种语言自由切换，在学习和推广中国武术时，他的优势就凸现出来了。

1986年，越过语言障碍后，本扎进入北京体育大学正式学习中国武术。非洲人的身体素质加上少林寺的基本功训练，本扎学习武术没感觉很困难。但他也清醒地认识到，武术界人才济济，有些高手从小就练功，而自己十多岁才开始基本功训练，要想学出点名堂，取得出人头地的成绩绝非易事。根据自身的条件，本扎决定，剑走偏锋，学习一些冷门技艺，专攻很少有人练，而又实用性很强的功夫。

此时本扎看到了王华锋老师练的伏魔棍法。这种棍法不仅招式漂亮，而且非常实用，常言道：“枪扎一条线，棍打一大片。”很对本扎的

胃口。当时，伏魔棍法也属于比较冷门的武术套路，很少有人学习。于是，本扎辗转找到了体育大学精通伏魔棍法的王老师，希望能够拜师学艺。

也许是有缘，也许是欣赏这位洋弟子对中国武术的热爱，王老师答应了本扎的请求。本扎很高兴自己能够得到王老师的信任，他特别珍惜这份和王老师学艺的机会，每次在课上，本扎都会全神贯注地跟着王老师学习每一个动作。而王老师也是循序渐进地对本扎进行辅导。

凭借着自己的悟性和刻苦，本扎在不到一年的时间里就掌握了伏魔棍的全部套路，而他在课上的认真刻苦和表现出来的对中国传统武术的热爱，也博得了王老师的高度评价。在掌握了伏魔棍的套路之后，本扎又跟林伯原老师学起了他的绝活——苗刀和鞭杆。

苗刀长 1.5 米，比一般的刀长得多。练家有话："宁短一尺，不长一寸。"理由是越长越不好舞动，实战中反应稍慢就会吃亏。但是如果功夫到家，反应机敏，打起来大开大合，别人也很难抵挡。因为难以驾

驭，加上对身体条件要求高，练苗刀的人少，出类拔萃之辈更少，本扎告诉我们：“全国大概不会超过 5 人。”估计林伯原老师看到本扎爆发力强，身体协调性好，更重要的是对中国武术的那份执著，于是将苗刀的全部套路倾囊相授。

鞭杆是旧时流行于中国西北地区，特别是甘肃一带的一种短棍。长度只相当于人的一条手臂，携带方便，利于防身，实战性很强。本扎也掌握了一些实战技巧。

除了搏击性很强的武术，本扎也注意养生类的功夫，师从门惠芳老师习太极拳。他认为武术与其说是一种技术和“功夫”，不如说更是一门哲学：武术提供了一种从宏观与整体的角度关照世界的方法论。在武术训练中人会变得柔韧而稳健，学会以平和的心态对待世间万物，让自我逐渐达到某种平衡。本扎说：“武术能够让人‘认识自己’，调动自己忽略的种种潜能，使人以‘平和’与‘平衡’的方式化解日常生活中所遇到的种种难题，至少能从哲学的高度找到解决人生难题的方法，我就是受益者之一。”特别是太极拳，本扎更是推崇备至，“太极拳是一种高‘科技’，绝对有益于身心健康，应该普及到每一个人。”

在大学学习武术的时间里，本扎逐渐感觉到，自己从武术中学到了技术之外的东西。人的道德修养得到提升，对世界、对自然、对社会的看法都有改变，眼界和心胸变得开阔，心态趋于平和。周围的人也觉得本扎变得更加乐观、豪迈，更加热心助人，颇具侠义心肠。朋友遇到难事，他会帮助对方，同时劝告人家：“人应该有海一样的心胸和性格，海奔腾不息，你见过它在哪儿停歇过，在哪儿退缩过？人生难免有坎坷、困难，拿出海纳百川的气度去对待，还有什么不能克服的？”

中国不少武林高手授徒时有考验徒弟的习惯，本扎对中国文化的理解相当深刻，因此能得到老师的首肯。有一次他向一位老师学习，老师只是布置了一点功课，抛下一句“练吧”就转身走开。当时正值隆冬，本扎在雪地里一直坚持练功，手指都冻麻了。过了很久，老师回来一看，虽然什么都不说，其实心中很是赞许，从此尽心传授。本扎说，老师要看看你有没有恒心，有没有毅力，对武术、对老师是不是尊重。有些留学生对本扎说：“老师布置点功课就说练吧，也不教我东西，怎么回事？”本扎说：“你不懂，老师在看你心诚不诚。”

古代有个“程门立雪”的典故：宋代进士杨时，为了丰富自己的学问，毅然放弃了高官厚禄，跑到河南颖昌拜大学者程颢为师，虚心求教。后来程颢死，他仍然刻苦钻研学问，又跑到洛阳去拜程颢的弟弟程颐为师。他和朋友游酢去拜见程颐时，正遇上程老先生闭目养神。外面正在下雪。二人侍立一旁，不言不动，程颐睁开眼睛，见杨时、游酢站在面前，吃了一惊，此时门外积雪已达一尺，而杨时和游酢却没有一丝倦怠和不恭。

本扎不知道这个典故，但他遵师嘱，在雪地里练功毫无懈怠，颇有几分“程门立雪”的味道。他对武术的痴迷，对老师的尊敬，老师是心里有数的，虽然什么都没说，但对这位洋弟子从此另眼看待。本扎能在中国学到很多真功夫，拿下本科和硕士学位，得到很多老师的激赏，原因盖出于这种“程门立雪”式的诚心。

黑皮肤的“中国人”

1990年，在中国习武7年的本扎参加了第一届少林武术节，凭借着娴熟的苗刀套路表演，本扎荣获金奖。郑州市长对这个精通中国武术的黑小伙儿大加赞赏：“本扎，你行啊！”本扎一笑“小意思啦！”市长从此和本扎成了好朋友。后来本扎更是一发不可收拾，连续蝉联七届苗刀冠军。以至同行们一看见他出场就说：“得，冠军又是他的了。”在他参赛的几届世界武术锦标赛上，他的全能、拳、剑术、鞭杆都颇有斩获，取得过相当不错的名次。

一个外国人，在武术之乡中国屡获金奖，让中国的武林高手连连称奇；在世界大赛中也连连得奖，让世界上的武术爱好者钦佩不已。一时间，本扎成了加蓬共和国家喻户晓的明星，总统曾用“黑皮肤的中国人”赞扬本扎。要知道在当今世界，说一个人踢足球像巴西人，打篮球像美国人，打乒乓球或练武术像中国人，实际是对他的高度评价。

本扎的武功得到广泛的认可，在世界武术联合会的组织内颇有名气。还在北京体育大学读书时，本扎就曾受世界武术联合会派遣，在法国、西班牙、丹麦、扎伊尔、南非等国家讲授中国武术。近几年，他开始担任世界武术联合会的技术官员，并从事教练和国际裁判的工作。有一次应德国一个组织的邀请前往指导训练，接站的德国朋友看到走下飞机的武术教练竟然是一位非洲小伙子，简直不相信自己的眼睛，口中喃喃自语：“武术教练居然不是中国人。”当然，一开讲，一示范，大家就只剩下佩服的份儿了。

本扎至今对德国朋友在机场上的惊愕表情记忆犹新，一提及此事就大笑不止。

通过自己的习武经历感受到中国武术文化魅力的本扎，非常希望把中国武术传播到世界各地。他说：“武术，源于中国，属于世界。”在法国、德国等地传授武术的经历让本扎萌生了一个想法，那就是在自己的故乡非洲广泛地传播中国武术文化。

1991 年，本扎利用回国探亲的机会，与加蓬体育部协商创立武术协会事宜，然而令本扎没有想到的是，创办中国武术协会的想法遇到重重困难。

部长身边多是练空手道、跆拳道的，这些人对中国武术有些排斥。其实他们不知道，空手道、跆拳道都受到过中国武术的影响。空手道最初叫“唐手”，从名字就可看出它发展源流中的中国印迹。明代时为中国藩属国的琉球，与中国大陆交往密切，有人从福建学拳法带回琉球，发展成“唐手”，后统一称为空手道。从空手道的搏击手法中可以隐约看到中国南拳的影响。跆拳道起源于朝鲜半岛历史悠久的“花郎道”，但在发展过程中也吸取过中国北方长拳的养分，要知道韩国跆拳道协会的前称是“唐手道协会”。本扎认为，这些功夫的不同门类不应该互相排斥，况且中国武术的高深不是任何功夫能比的，只是加蓬人还没认识到这点。

本扎用了很大气力说服体育部长，麻烦的是刚刚说动了一位部长，换届了。新部长上任，又得开展新一轮的公关活动。

既然创立武术协会的想法不容易实现，本扎就利用每年回国探亲的时候，开设短期的武术培训班，自己担任教练，一点点激起加蓬人对于中国武术的兴趣。从 1991 年到 2006 年的 15 年间，本扎无数次地往返于中国和加蓬。在他的努力下，越来越多的加蓬人开始喜欢上了中国武术，对新部长的公关也有了实质性的进展。加蓬体育部终于在 2006 年同意创立加蓬武术协会，由本扎挑选队员组建起加蓬的第一支国家武术队。2007 年，仅仅进行了一年训练的加蓬武术队在本扎的带领下，先后参加了第九届世界武术锦标赛和黄山传统武术邀请赛。虽然在两场赛事中，加蓬武术队都没有进入前四名，但是对加蓬武术协会主席本扎先生而言，能够带着自己国家的武术队来参赛就已经是加蓬体育史上的一个重大突破了。

这期间，中国武术协会给予了本扎巨大的支持。每两年他就带一群加蓬的孩子到河北武术中心进修，为下一届世界武术锦标赛作准备。中国老师从南拳、刀、棍到太极拳，尽可能全面地传授。除了带队来中国训练，本扎还把中国教练请到加蓬指导，帮助自己传播中国武术文化的种子。

本扎说，孩子们学武术对身心健康大有好处。他们学习时是带有很大娱乐性质的，觉得好玩。你不能逼他们，强迫他们，除非他自己有兴趣，才会自觉地苦练。兴趣是最好的老师嘛。有些孩子很淘气，但经过练习武术，孩子变得身体更健康，学习时精力更集中，成绩也上去了。回来后家长大为惊讶，孩子变好了，懂事了。他们不知道，武术既强身健体，又能让人心态平和，而参加比赛又能锻炼心理素质。看到这些，家长们也就乐意送孩子学武术了。

本扎像一位辛勤耕耘的农夫，把武术的种子播撒到非洲的土地。身为国际武术联合会的技术官员和国际级武术裁判，本扎有很强的使命感和责任感，他说：“人人努把力、加把油，武术才能更广泛地走向世界。

武术虽源于中国，但更应该属于世界。我渴望这一天早点到来，我更祈盼世界各地，不论发达国家还是发展中国家，人人都能通过学习武术达到强身健体之功效，这样才能在短暂的有限生命中，发挥自身的潜能，精力充沛地干自己的事业，为自己的国家多作贡献，为全人类多作贡献。”

本扎在非洲推广中国武术的事业已经走上了良性发展的轨道。现在他一小部分时间在加蓬，大部分时间在中国。因为他要时时吸取中国武术的养分，了解武术发展的最新成果。无论在加蓬还是在中国，他每天还要坚持练功，冬练三九，夏练三伏，“拳不离手，曲不离口”。

影坛的武林高手

打而优则演，这似乎是武术界的一个规律。况且本扎的洋面孔，能

本扎与功夫片明星、艺人合影，依次是：成龙，陈勋奇，梁小龙，周星驰，于海

《冲出亚马逊》剧照

给影视带来国际色彩，所以本扎引起导演们的注意，只是时间问题。拍电影可以用形象、直观的方式普及、推广武术，本扎当然不会拒绝。有机会他当然愿意用影视艺术的方式，让更多的人了解和喜爱中国武术。要知道当初他迷上武术，就是因为看了几部功夫片。现在自己也有机会用影视来造就更多的功夫迷，何乐而不为呢？

1992 年第二届少林寺国际武术锦标赛，本扎再次夺金，他的刀、拳、棍、鞭杆都显示了超凡实力，香港一位动作片导演对本扎的功夫大为赞赏，特地找到本扎，希望他参与自己制作、郭富城主演的武打片。可惜这位导演“出师未捷身先死”，但好在他之前介绍本扎结识了著名武术指导袁和平，本扎从此在银幕上崭露头角。1997 年在香港举办的世界武术锦标赛上，他又结识了陈熏奇、元彪和成龙等几位他所仰慕的武打明星。他的“打星”地位已得到这些前辈业内人士的认可。

他在影视作品《功夫小子》、《替身打手》、《间谍》、《警探中的战争》、《她来自台北》、《杀手》、《机密的钻石》、《龙在少林》、《地上最强》、《决战芝加哥》、《李小龙传奇》中都有上乘表现。最得意的是，2003年他担任了《冲出亚马逊》的武术指导。一个外国人为中国的主旋律大片设计武打动作，有点像一个外国人在巴西当足球教练，或者在NBA教美国人打篮球。《冲出亚马逊》获中国文化部颁发、中国文艺界最高级别的"文华奖"，本扎功不可没。

2007年，CCTV的著名主持人崔永元在中国少数民族聚集的云南省，制作了一个展现各民族风情、有故事情节的电视连续剧《春节大联欢》，连他自己在内共五位主演。在这个很"炫"、很有趣的电视剧里，观众认为最出彩的倒不是小崔，而是那位来自非洲加蓬的黑人兄弟吕克·本扎，他在剧中扮演最具喜剧效果的大朱一角。小崔知道他在中国生活了20多年，中国话说得倍儿溜，早就是地道的中国通，又是武林高手，而且出演过大量的影视剧。因此，小崔专门为他量身定做了大朱这个角色，充分发挥了本扎的喜剧、动作天赋，令本扎过足了戏瘾，也

本扎与崔永元在一起

本扎在美国西雅图终于见到了他的偶像李小龙

让他的风头盖过了其他演员。

近年来，他更注重国际间的文化交流。最近他正在和国外的影视公司洽谈，把电视剧《功夫小子》推出去，一方面光大中国武术文化，另一方面也为中国影视创造经济效益。

就本扎在国际武术界的名气、影视界的关系和三种语言的优势来看，如果不从事国际文化交流实在是一种严重的"资源浪费"。况且本扎具有习武之人的侠肝义胆，他的乐于助人在朋友圈中是出了名的，倘若不让他的热心肠辐射出热量，我们的社会岂不缺失一部分温暖？

就在我们采访他的时候，就有一个不曾谋面的人，辗转打听到本扎的电话号码，求他办事。对于这位朋友的朋友的朋友的……朋友，本扎的第一反应是立即向我们索要笔纸，记下对方的联系方式。用本扎夫人的话说："也不管认识不认识，也不管中国的外国的，只要有人求他，颠儿颠儿地给人家办，自己一点便宜没有，还挺高兴。"我们都乐了，这不整个一大侠吗？

本扎的夫人是个典型的中国北方姑娘，性格开朗活泼。上大学时学的是服装设计，现在自己在使馆区开了一个高档服装店，既卖时装，也为客人量体裁衣，做个性化的时装。平时和本扎各忙各的，但本扎的朋友也都成了她的朋友，她的朋友也成了本扎的朋友。当初她嫁给本扎，大概是被本扎的性格魅力所吸引，加上被本扎大侠式的热心肠所感动。就连她的家里人也接受了这位可爱的黑小伙儿。

到她小店来买、做衣服的外国客人多，她深感大学里学的外语不够用，于是一边照看小店，一边攻读英、法两种外语。疼媳妇的本扎就给她请了两位老师，这让我有点纳闷："英语你怕发音不正，请个老师也罢，法语你可以自己教，还请什么老师？"本扎说："自己家人没法教，我教她说 Bonjour（你好），她瞪起眼睛，'你骂我笨猪？'呵呵。"是啊，估计会武术的本扎还得挨不会武术的媳妇一顿粉拳，哪里还有一点"师道尊严"可言？

本扎告诉我们，现在的媳妇不是他的初恋。初恋失败后他曾经很沮丧，打电话给他那无所不能的妈妈倾诉苦恼。妈妈问："儿子，你吃过海里所有的鱼吗？"本扎一愣，"没有。"妈妈说："那不得了？"随即挂断电话。本扎思考良久，心境豁然开朗。是啊，失恋相当于眼前溜走的一条鱼，海里有的是鱼，也就是说机会有的是，干吗为失去一次机会而忽视所有的机会呢？"我现在过得挺好，这要感谢妈妈的那次开导。"我再一次赞叹这位伟大母亲的睿智。

本扎现在把中国当做第二祖国，他爱加蓬也爱中国。在中国，他从懵懂少年成长为武林高手、影视明星、文化交流专家，并且成为具有小有成就的商人、国际武术联合会官员、加蓬武协主席等多重身份的成功人士。他经历了中国改革开放以来变化最剧烈的时期，他在中国实现了他的功夫梦，他感觉自己和中国一起成长。在中国除了西藏以外，他跑了许多地方，结识了许多朋友，他在这里如鱼得水。他更大的梦想是在世界上普及、推广中国武术，他觉得，和小时候的梦想一样，这也得在中国实现。

文 / 绿杨

小档案

姓名： Daniel J. Dudek

中文名： 杜丹德

国籍： 美国

职业： 经济学家

在中国生活时间： 1 年

保卫人类家园的“洋劳模”

他是一个性格开朗、幽默的人，也是一个热爱自然、勇于奉献的人。为了保护地球，他就像一只候鸟在世界各地飞来飞去，不遗余力地推广他的环保理念。在他的心中一直有一个梦想——把这个星球建成人类美好的家园。他就是美国环保协会的首席经济学家杜丹德。

和我一照面，杜丹德就来了一个美国式的幽默：“我希望你写的这篇文章能推荐给我夫人，让她知道她的丈夫有多优秀。”他身边的中国同事都乐了。

我的文章能写到什么份儿上不敢说，但杜丹德的优秀是毋庸置疑的。这位美国环保协会（Environmental Defense）的首席经济学家，曾担任过老布什总统的环境顾问，与被俄罗斯称为“改革之父”的生态学家亚历山大博士共过事。他和许多政治家、官员、学者都打过交道，不遗余力地推广自己的环保理念，连英国前首相布莱尔、中国前总理李鹏、现任总理温家宝以及历任的中国国家环保总局的负责人都很重视他的建议。近年来由于他对中国环保事业作出重大贡献而荣获中国政府颁发的“友谊奖”，这可是外国专家在中国得到的最高荣誉。杜丹德曾经，而且目前还在担任多个国家的公共及私人机构的顾问之职。这包括OCED、波兰环境部、联合国贸易与发展会议、布达佩斯区域环境中心、美国联邦环保局、芝加哥贸易委员会、美国能源部顾问委员会、英国石油公司、麻省理工学院、中国国家环保总局等等。他还发表过100多篇有关基于市场的环境政策的论文和文章。

这位美国人，为了保护人类共同的家园，总是像一只候鸟一样，不辞辛劳在世界各地，特别是在中、美之间飞来飞去。这次采访是在他即将赶往机场前插空进行的，这只不倦的“候鸟”几个小时后就要飞向远方。

“地球日”决定了一生

杜丹德面色红润，身体健壮，身高 5 英尺 10 英寸，体重 175 磅。也许是因为经历过军旅生活，总带着一股子精神劲儿，完全不像是年逾花甲的人。说到年龄，他用中国的生肖又幽了一默：“我是属猪的。”再度引发了在场的中国人的笑声。

杜丹德本名 Daniel J. Dudek，中文名字既与本名有联系而又非常中国化，这名字让中国人读着顺口、叫着亲切，杜丹德本人又极富幽默感和个人魅力，很容易赢得中国人的欢迎和认同，这当然有利于他所推行的环保理念和中国项目。我们的采访是从他怎样成为一位环保专家开始的。于是，他便饶有兴味地与我们一起回顾起他的往事。

1947 年，也就是中国农历的猪年，杜丹德出生在马萨诸塞州西部一个 2 万人口的小镇。这个小镇有个很好的历史传统，每年都举行一次全镇的聚会，大家在一起共商小镇的发展大计。父亲生在美国，祖籍波兰。祖父母都长寿，活了 100 多岁，却不会说一句英语。父亲十几岁时正值经济大萧条时代，只能辍学外出谋生，以微薄的工资养家糊口。母亲是德国人的后裔，也是穷苦人家出身，外祖父是“蓝领”。父母在二战结束之后结婚，父亲当时是太平洋海军的通信兵，培训时认识了未来的夫人，退伍后带着她返回家乡。杜丹德是在这个小地方的工薪家庭中长大的，生活虽然不富裕，但还是接受了美、德、波兰等多种文化的熏陶。童年的生活能影响一生，这或许为他后来成为具有世界意识的环保专家打下了最初的基础。

杜丹德羡慕现在的孩子，电子书籍、高科技的玩具应有尽有。他小时候可没有这么些玩的，但田园生活也富有现代生活所没有的那种诗意。他种过土豆、番茄，从那个时候起，就已经在体味人与自然的和谐关系。父亲文化不高但很有创造力，他有办法把穷日子过得有滋有味。他用节省下的钱买了一辆车，拉着全家去旅游，亲近大自然。母亲教孩子们观察各种各样的鸟，引导他们看《寂静的春天》，在无意之中对孩子们进行了环境教育。正是从书中，Daniel 知道了从长距离飞行的候鸟身上，可以发现环境变化的影响。至今他还保留着喂鸟的习惯，每逢冬天都在企盼春天的来临，想看看哪一只喂过的鸟又飞回来了。后来从军队复员后，他还养过一种产于印度、没有野生能力但叫声悦耳的鸟。直到今天，他为小女儿选择的闹钟，也是鸟鸣式的，让孩子从小听着鸟叫起床，从小就学着亲近自然。

因为鸟，杜丹德总觉得自己在美国环保协会工作是一种缘分。那时

杜丹德与父亲和女儿在树林中观鸟

候，科学家发现长岛有一种鸟灭绝了，其原因是人类大量使用DDT造成环境污染。美国环保协会正是从研究这种鸟为什么会灭绝开始，直到推动全球最终停用DDT，逐渐发展起来的。同时此事也开创了全球环保运动的先河。

杜丹德认为自己的青少年时代的个人发展很传统，上学努力学习，考大学、服兵役按部就班，跟别人没什么差别。只是有一段时间需要一边工作一边学习，每天睡眠时间很短，比一般学生辛苦，但正是这段艰难生活极大地锻炼了他的意志和毅力。他半开玩笑地说："直到今天我的耐力都很强，在世界各地飞来飞去，从不用倒时差，一到地方就可以立刻精力充沛地开始工作。"

1967年他到韩国服兵役，1970年复员。在1970年4月22日以前，退役大兵Dudek返回纽约后，对自己的未来似乎没有清晰的想法。"虽然我知道参军回来可以在马萨诸塞州大学读书，然后留校工作，但当时我对未来并没有任何规划。"

然而，第一个"地球日"的出现，改变了一切。

至今他还保存着1970年4月22日出版的《纽约时报》，那张报纸的头版刊登着创立"地球日"的重要消息。他说："当时刚从韩国服兵役回来时，就知道第一个地球日是非常有意义的。我在韩国时对韩国人的回收再利用意识印象特别深刻，当时我就想这也许会改变这个世界的一部分。"就在街头熙熙攘攘的庆祝人群中，这个年轻人决定了今后人生的方向。

1972年他从马萨诸塞州大学毕业，获得了学士学位，1975年在加利福尼亚大学戴维斯分校获得了农业经济学硕士，1979年又在加利福尼亚大学戴维斯分校获得了经济学博士学位。

20世纪70年代是个朝气蓬勃的年代，Daniel同学一边工作、一边攻读学位迅速提高自己。回忆当初是如何确定自己的信念的，他说：

“如果从个人角度谈我对环境保护的热情，我想和美国在 70 年代所做的以及中国现在已经成功的很重要的历史性事件有关系，就是第一次太空载人飞行。当时人们从太空发回的照片上第一次看到了一个完整的蔚蓝色的星球，以及上面美丽的海洋和美丽的环境。我被这张照片深深地打动了，当时就有一个强烈的感触，就是地球真是我们人类共同的家园。地球上自然所创造的生态系统和自然留给我们宝贵的财富不应该被人类的发展活动所破坏，也就是说，为了保护我们共同的家园，每一个地球上的公民都应该作出自己的一份贡献，而不管你是生活在地球上的哪一个部分和哪一个国家。”

保护人类共同的家园，已成为 Daniel 同学对这个星球自觉的承诺。

1975 到 1982 年，杜丹德作为一名农业经济学者，在美国农业部经济研究服务处美国资源经济委员会工作。1982 年到 1986 年他在马萨诸塞州大学农业和资源经济系任教，主要研究酸雨。“1982 年我在马萨诸塞州大学任教员，那时的水资源中心开发了一种非常好的监测系统来收集酸雨影响的数据。我对波罗教授和其他一些志愿人员从某地区的池塘和溪流中提取水的样本非常感兴趣。”

1985 年，他在马萨诸塞州大学任教授，讲授环境经济学。有一天，他正在批改一大摞学生的考卷，忽然接到一个电话。打电话的人问他是否有兴趣参加美国环保协会这样一个非政府组织。这个组织当时还很小，其中只有一位经济学家，可以说举步维艰。杜教授面临着一个重要的选择：“是继续批改学生的考卷，讲授曾经发生过的历史？还是尝试着自己做些创新？”

在大学的课堂上向学生灌输自己的理念，固然重要，但影响有限。他说：“我在大学里工作了这么多年，我的政策建议虽然合理，但与媒体和决策者沟通或者贯彻执行却不太容易。”而环保协会也许是他实现抱负的理想平台，虽然现在平台还不够大，但经过努力会做出一番事业的。于是他选择了环保协会。

美国环保协会成立于1967年，是著名的、历史悠久的非政府非赢利性环保组织之一，目前拥有60多万名会员。美国环保协会致力于综合运用经济、科学与法律手段创新思路，为解决人类社会最迫切的问题提出创新的、公平的、成本有效的方案。杜博士加盟之后大显身手，迅速成为该协会的活跃分子和重要成员，2002年更成为美国环保协会的首席经济学家。

市场手段打破了酸雨僵局

回忆当初的选择，杜丹德很是自豪。“加入美国环保协会后，我的第一项工作是加入《蒙特利尔公约》谈判的美国代表团，《蒙特利尔公约》是关于如何控制破坏臭氧层的化学物质氯氟烃的。”他说：“我开发出一种基于市场的政策来控制氯氟烃，即允许在某地的一个国家减少这种物质的排放量，同时也允许在其他地方的某个国家增加排放量，但在全球的总量是受到限制的，并且还能够消除工业界对于减排成本方面的异议。”

这是一次漫长而艰难的谈判，杜丹德觉得可以和《京都议定书》的谈判相提并论。当时的工业界人士大都坚持这样的观点：如果硬性地减排控制就势必造成对工业发展的破坏，进而造成社会的萧条。在争论过程中，人类发现，南极上空的臭氧层空洞已经形成。这个发现在根本上改变了谈判，因为这一下人们清楚地认识到环境问题的严重性。世界各地的媒体开始纷纷报道臭氧层遭到的破坏以及污染对这个星球的威胁。这在无形中给谈判者们施加了很大压力，迫使他们必须达成某种协议。此后，谈判进展得很顺利。

但杜丹德感到遗憾的是，在达成的基本协议中，没有包含他所提倡的市场化的控制手段。由于缺乏实际经验，也因为这一政策未经实践检验，人们对于其功效还不敢确认。虽然在伦敦修正案中被包含进去，但是几乎没有被使用。杜丹德和他的同行还要继续奔走呼吁。

1988 年美国大选，民主党和共和党在竞选中都不敢忽视环保问题，但他们对于环境政策的理解和支持程度有所不同。杜丹德和同事们决定制订一个对两个党派都适用的方案——即不论哪个党派胜出竞选都适用的环境方案。他们的研究被称为“88 计划”，其中的一项建议就是利用排污权交易解决酸雨问题。利用大选的时机促进环保问题的解决，这也算是“美国特色”吧。最终老布什赢得了选举，他们被邀请去和临时政府讨论老布什如何做才能做到所宣称的“环保总统”。杜丹德与协会的执行总裁以及一位律师一起来到白宫。

用排污权交易解决美国酸雨问题的建议，得到了当局的肯定，这是一个非常巨大的转变。环保协会为解决美国的酸雨问题奋斗了 16 年之久，终于看到了曙光。过去有一个传统的模式，就是由科学家来确认问题的严重性，由媒介、NGO 来告知民众问题的存在，政府则说：“这个问题很难解决，我们需要研究。”然后为一些研究制定预算。可是执行部门研究研究往往就没了下文， 8 年之久未采取任何行动。所以杜丹德等人来到白宫时，心里是没谱的。当听到执行部门说：“好的，请开始工作吧。”他们竟非常惊讶。杜丹德说，“对我来讲不可思议的 6 个月开始了，其间几乎每天都在华盛顿的白宫里度过，我们和执行部门一起对排污权交易的计划进行详细扩充。”

杜丹德和他的团队致力于在全球以及区域范围内开发环境资源市场，运用市场手段削减和控制来自固定源与移动源的大气污染物排放。他们的工作得到了老布什总统的赞誉，认为他们的努力打破了解决酸雨问题的僵局。

他参与了美国为减少酸雨而采取的二氧化硫配额交易系统的市场开

发活动，包括拍卖、近期与远期市场开发等工作。杜丹德还参与了其他的项目：创立可交易的氯氟烃生产权，以达到蒙特利尔协议的要求；美国联邦环保局 (EPA) 批准的在空气质量未达到国家标准的地区进行的移动——固定源碳氢化合物和氮氧化物排放交易项目；伊利诺伊州的挥发性有机物质的交易；美国东部的区域性氮氧化物排放交易，以及正在进行的全球温室气体交易。

杜丹德和他的团队倡导的工作对美国甚至全世界都有重大的意义。他们的工作延伸到境外，促成了在波兰当地第一例排污交易；第一例国际间的温室气体交易，以及在美国开展的二氧化碳和二氧化硫在不同责任、不同污染物位置以及美国东西海岸异地之间的首例交易；和英国石油公司（BP）合作设计了第一个公司内部的温室气体交易系统。

杜丹德一直致力于推广排污权交易理念，这个办法规定了一个电厂或者是工厂的污染物排放量，当它的排放量比政府规定的要低的话，它可以选择将多余的指标储存起来为将来发展用，或者可以将指标卖给达不到环保要求的其他企业。这就保持了污染物在总量上的水平。这种理念被称为“总量控制与排污权交易”。

杜丹德长年工作的成就之一，就是在 1997 年《京都议定书》中包含了排污权交易的内涵，寻求限制全球的温室气体排放总量和遏制气候变化。这表明，杜丹德及其团队的理念，已得到普遍的认同。

把美国经验带到中国

1990 年，美国政府通过了《清洁空气法》的立法修正案，建立了排污权交易机制来控制最主要的引起酸雨的气体——二氧化硫的排放。美国环保局制定了实施规则，当时杜丹德是酸雨咨询委员会的成员之一。这一计划的目标是到 2000 年将二氧化硫排放控制在 1980 年的

50%。1995年污染源必须要对排放进行控制，而排污权交易在这之前已经开始。如果二氧化硫的排放量达到总排放量的一半，采取排污权交易的政策，可以大大地削减达到同样的环境保护的效果所付出的经济代价。美国这项新政策的发展引起了中国政府和环保部门的关注。

那时候，13亿人口的中国已面临着巨大的环境挑战。中国制造业的繁荣带来的对环境的负面影响迫使政府不得不对因排放引起的酸雨、烟尘和气候变化加以严格控制，但当时中国采取的是对那些超标排放的企业进行罚款。例如，根据国家1995年的污染收费政策二氧化硫排放超过标准，每公斤需要缴纳0.2元。在当时如果企业采用脱硫设备，其成本远远高于罚款的额度，结果导致了缴纳超标排污费比企业控制污染排放要便宜。所以，这项政策的效果比较差。

他山之石，可以攻玉。中国人意识到应该借鉴国外的经验。于是，

杜丹德参观一家电厂

国家环保总局的领导希望邀请一些外国专家，为当时开始的试点工作进行研讨和总结，并把国外的一些先进的利用市场解决环境保护的经验介绍到中国来，同时与中国已经进行的工作相结合。他们对杜丹德的控制酸雨的战略很感兴趣，特别邀请他来中国讲学。他初期的任务是为中国政府提出政策建议，即在控制污染的措施中引入经济手段。于是在这一年，杜丹德第一次踏上中国的土地。

从此，杜丹德就不仅仅是来讲学了，而是将排污权交易的成果引入中国并逐步通过示范项目予以证明。1999 年，美国环保协会正式开始和中国国家环保总局合作。当时，朱镕基总理与美国副总统戈尔达成了一个中美两国合作治理酸雨问题的双边协议。因为美国环保协会在辽宁和江苏开展了双边国际合作的试点，总局就邀请美国环保协会介绍自己的经验。项目在 2001 年开展，美国环保局和中国国家环保总局进行了愉快的合作，但是当时是很小的规模，还需要大范围地进行试点。国家环保总局发环办函 [2002] 51 号文件，决定与美国环境保护协会一起，在山东省、山西省、江苏省、河南省、上海市、天津市、柳州市以及中国华能集团公司开展“推动中国二氧化硫排放总量控制及排污交易政策实施的研究项目”（简称“4+3+1”项目）。这个项目对 SO_2 排污权交易实施的许多关键因素的指导原则进行了尝试，创造了很多个中国的“第一”。

“对中国而言，对人口和环境的控制结果是令人惊讶的。记住，这是一个巨大的国家，她对世界环境和全球经济的方方面面都会产生巨大的影响。”杜丹德说，“美国环保协会对环境保护与众不同的方法就是强调科学，利用经济和市场机制来达到一个合理的持续解决问题的方法。这个方法在中国被证明是可行的。”

“2004 年 6 月，我们合作的项目得到了中国国家环保总局的验收和肯定。从我的角度来说，我对我们取得的成绩非常满意，因为不光是我们做了一些实际的工作，而且在我们和中国的政府官员、研究人员和同事的合作中，他们充分地理解而且意识到一项好的政策在两个不同文化和体制应用当中存在的差别，而且他们能够很好地把这样具有中国特色的特点融入到我们的设计和实践工作之中。”

杜丹德特别强调：“我们不应该忘记，这项政策从它一开始提出、讨论到立法、执行在美国用了 20 年的时间，中国实行这项政策实际上还不足 10 年，这项政策已经在 2005 年 12 月得到了国务院的认可，这样的思想已经融入到环境保护的“十一五”的规划工作当中。我想这项工作如果能够顺利进行的话，中国实际上可以用比美国更少的时间来实现这项政策的发展和执行。”

自从这一基于市场的政策开始被采纳，杜丹德和他的中国同事就开始转而注意政策背后的基础建设。如果近距离审视中国的环境基础法律，就会发现不守法是因为违法后惩罚不严。实际上，法律规定的经济处罚的上限远远低于控制这些污染的成本。美国环保协会开始和中国国家环保总局的监察局合作，分析经济处罚的上限。他们特别想知道，如果企业不遵守法律法规的话，将会带来多少利益。如果公司不是必须花钱来治理污染的话，这些资金可以用来做其他的业务。为了得到这个结果，他们引入了美国环保局处理民事处罚的计算机模型，并针对中国国情作了修正。这个修正后的模型可以帮助地方的环境执法官员分析当地的执法案例。这个结果是和全国人大环境资源委员会共享的。

美国专家当上了“洋劳模”

由于杜丹德对中国环保事业的突出贡献，2004 年他获得了由中国政府颁发的授予外国友人的最高奖项——友谊奖，并在不同场合受到中国党和国家领导人的亲切接见。那次在人民大会堂的颁奖，杜丹德还被推举代表获奖者们发言。至今他对自己当上中国人所说的“洋劳模”还非常感慨：“我当时的第一个感觉就是惊讶。因为我没有想到政府能够把这样一个奖授予我，也没有想到在环境保护这样一个以前不受重视的领域能够有人获奖。第二方面，我马上想到的是重要的责任，因为我想这个奖不只是颁给我个人，而是颁给以我为代表的千千万万的从事环境保护工作的同事、同仁，包括中国和外国的专家。”

杜丹德说：“我从事环保工作已经30年了，这个奖是我在美国之外获得的环保方面的最高荣誉，对我个人的震撼和激励作用是不言而喻的。我不认为这是我个人的荣誉，我想我代表了一种信息，代表了一种符号，表明在中国建设小康社会的过程中，政府对于环境保护工作越来越重视了，对于从事环境保护工作的人越来越重视了。在发展的过程中，人民群众的环境保护意识也有了很大程度的提高。”

颁奖仪式当天，全体获奖者应邀参加2004年国庆招待会。在与温

2004年杜丹德获得了由中国政府颁发的授予外国友人的最高奖项——友谊奖

家宝总理碰杯时的短暂交谈中，杜丹德又不失时机地向中国国家领导人传达了用市场化手段推动环保工作的设想。温家宝总理对此非常赞同并表示，中国在建设小康社会的过程中，很重要的主题是建立环境友好型社会，而且这样的主导思想，将会被深刻地体现在我们国家的“十一五”规划中。

在不同场合见到中国领导人时，杜丹德总是不断地强调人与自然的关系。他曾对胡锦涛主席、温家宝总理说过，当中国要努力建设一个和谐社会，一个环境友好型社会时，人与自然的关系是非常重要的。大自然是平衡的，我们居住的星球本来可以代谢人类造成的一些污染。但是有时人的力量太大了，他们在改变世界的同时，也破坏了自然的平衡，带来不少危害，这些危害甚至比核武器、生化武器更可怕，因为它每时每刻都在发生着。美国的发展过程实际上已经对地球造成了一定程度的损害，这是它的经济发展的总量和经济发展的速度造成的。但是，美国已经开始吸取教训并且建立了高效的环境管理机制。中国的快速发展也已经造成了严重的环境后果，建设环境友好型社会的目标就是进行矫正，也就是说，人类在努力发展经济、发展科技的同时，一定要像关注自己银行账户的平衡一样来关注环境的动态。

让杜丹德欣慰的是，这些领导人非常认同他的“盛世危言”。

中国领导人多次强调，中国改革开放的决心不会变，建立和谐社会、环境友好型社会的决心不会变。从申办2008年奥运会时所提出的“绿色奥运、人文奥运、科技奥运”的口号就可以看出中国人环境意识在增强。

2005年3月，杜丹德担任中国环境与可持续发展领域的最高咨询机构——中国环境与发展国际合作委员会“中国环境执政能力课题组”外方组长。2007年6月，杜丹德又被中国政府任命为：中国环境与发展国际合作委员会的23名外方委员之一。中国政府期望这位“洋劳模”

能在今后的日子里更多更好地献计献策。

幸福家庭增加了中国元素

人们常说，每一个成功的男人背后都有一个伟大的女人。我们想了解杜丹德背后的那位伟大的女人，当然也想知道他们从相识相恋到携手一生的浪漫史。

与知心爱人在一起

杜丹德看来不介意我的“过度采访”，相当配合地讲述了他的爱情故事。

当年退伍归来，他住在农场的一所老房子里，这本来是他家养牲畜的棚子改装的房子。对门住着一位从纽约搬来的老人。这位老人与杜丹德十分投缘，和他成了一对“忘年交”。老人对杜丹德评价很高，并热心地操办杜丹德的终身大事。他广泛地“发动群众”，托朋友、托朋友的朋友、托朋友的朋友的朋友，为杜丹德介绍对象。他逢人就讲，我这里有一位优秀青年，请帮忙介绍一位好姑娘。

中国传说中帮助男女青年缔结姻缘的是月下老人，看来月下老人的美国同行也是一位面目慈祥的老人。老人的努力没有白费，终于有一天“她”出现在优秀青年杜丹德的面前。这是一位相貌姣好的姑娘，人也很优秀，年纪轻轻就已经是两家餐馆的老板了。

杜丹德立即发起爱情攻势，希望对方有机会品尝他的厨艺。今天回忆起来，杜丹德自己都觉得“太疯狂了”。一位业余烹饪爱好者，竟然让专业餐馆老板品尝自己的手艺，很有点“孔夫子门前卖文章”、“巴顿将军面前说打仗”的意思。他做饭的程序不一定规范，但干活时很快乐，边说边唱边做，一道道菜就这样出来了。也不知是人家因为他“鲁莽得可爱”而放弃了挑剔，还是因为两情相悦的人即使是喝凉水也会觉得甜蜜。总之，她对于每道菜一概都说：“好吃、好吃”，一副很享受的样子。

接下来却是杜丹德大饱口福的日子。每天餐馆的厨师会打电话过来，问杜丹德想吃什么。杜丹德不无得意地说：“娶了一个餐馆老板当老婆，简直可以享受皇帝的待遇。”

婚后他们搬到纽约州北部，买下了一个农场，准备生孩子，过幸福日子。夫人也不再经营餐馆，开始全身心地操持家务。他们还是欣赏传统的生活方式，男主外，女主内，夫人当“全职太太”，孩子自己看管。杜丹德说：“孩子很小就送托儿所并不科学，孩子的第一个老师应该是自己的父母，父母的影响很重要。当然，在美国兼顾工作和家庭是个两难问题。但我很幸运，我对工作有选择权，工作环境好，生活环境也好，如果有了孩子，祖父母也能帮忙照顾，对孩子成长非常有利。”

但是天不遂人愿，这么一对优秀的夫妻，这么优良的生活环境，却一直没能生出一男半女，为这个幸福的家庭增加更多的快乐。为此夫人十分伤感，杜丹德再三劝慰也难消夫人心头的忧伤。后来，他想到借去中国出差的机会，把夫人带出来散散心。当时，他在江苏的常州开会，夫人一个人逛街。她看到很多父母推着儿童车在街上行走，小孩子粉嘟嘟的笑脸就是一道美丽的风景。她羡慕极了，便向杜丹德提出了收养小孩的想法。

杜丹德笑道：“收养一个孩子比生一个孩子还费劲。因为帮我收养孩子的机构非常尽职，而且中美双方的机构都要详尽地了解收养方的生活、文化、经济状况。他们也会把即将收养的孩子的信息提供给我们。这是一个漫长的过程，费用要高一些，为双方负责嘛。就这样我得到了一个可爱的女儿，过了两年，我们又到常州收养了一个女儿。”他从随身携带的皮夹子里拿出两张照片，向我们炫耀那两个漂亮的宝贝女儿。接着他又拿出一张他和夫人拥着小女儿的合影，夫妻俩一脸的幸福，小女儿睁着惊奇的眼睛看着镜头。“这是我们收养的小女儿儿时的照片。”两个宝贝一个 10 岁，一个 6 岁。

父亲和女儿的关系通常比较好，杜丹德和女儿尤其融洽。他会教两个女儿很多东西，女儿当然很崇拜简直无所不知的老爸。杜老爸也很享受女儿的撒娇，小时候“爸爸，抱。”当然义不容辞。长大了分量重了，“爸爸，能抱我上床吗？”老爸仍然高高兴兴地卖力气，尽管年纪大了，有点力不从心了。一次在中国接到夫人的电话，说大女儿放学回来一副

一个幸福的四口之家

若有所失的神态，“妈妈，我现在特别想爸爸。”杜丹德的心里一股暖流。“不知道青春期会怎样？”我告诉他，中国人有句话“女儿是爹妈的小棉袄”。杜丹德听了很是高兴。

杜丹德收养了两个中国女儿，固然有一定的偶然因素，但潜意识中确有对中国文化的好感。他在韩国服兵役时发现，朝鲜半岛的文化受中国文化影响很深，文学艺术、民俗习惯、甚至村落形制都带有深刻的中国印迹。他对中国文化的博大精深十分向往，尤其对古代文化中主张人与自然和谐相处的思想非常赞同，尽管“天人合一”这句古训对他来说很拗口。从他登上中国的土地之日起，在他平时的言谈中，“环保”、

两个女儿是杜丹德最贴心的小棉袄

杜丹德的生活因两个女儿而变得更加丰富多彩了

“中国”两个词的出现频率猛增。他在帮助中国治理跨界污染的时候，顺便跨界收养了两个女儿。他一向认为自己与中国有缘，两个女儿则更加深了他的中国缘。

幸福家庭增加了中国元素，两个黄皮肤的小姑娘的欢声笑语给他的家庭增添了无穷的欢乐，以致他们“现在都想不起以前没有她们的生活是什么样子了。”夫妇俩希望她们学中文，希望她们长大之后一旦到中国工作，能有基本的交流能力。但是大女儿从中文班回来说：“太难了，太不可思议了。”毕竟离开中国时太小，还没学说话就进入了美国文化的环境。好在学校里有中国老师，能传达给孩子一些中国文化的信息。而他的家里也保留了一些与中国文化相关的内容，如过中国节，过年包饺子，买中国衣服等。另外，平时杜丹德还引导孩子看《西游记》。他所做的这些都是希望他的孩子不要忘记自己的“根”。

说起两个宝贝女儿的未来，杜丹德露出慈父般的笑容。“只给她们设一个目标，一生快乐地生活。这目标说来简单却又复杂，有的人很快就能找到快乐，有的人就不那么容易找到，希望我的女儿能发挥自己的潜能，快乐地生活和工作，把这个星球建成人类美好的家园。”

自从收养了两个中国女儿，杜丹德的责任感更强了。“女儿是上天赐给我的礼物，作为父亲，我对孩子负有巨大的责任，对环境也同样如此。”

文 / 绿杨

小档案

姓名： Dominic Johnson-Hill

中文名： 江森海

国籍： 英国

职业： 个体经营者

在中国生活时间： 15 年

胡同创意文化衫，时尚新标志

“宫爆鸡丁”，“收药”，“社会主义好”，“妇女也顶半边天”……这些都是北京人最熟悉不过的东西，搁在一起有些不伦不类。可是直到两三年前，当有一个老外把它们印在文化衫上时，这些文化衫就如同纽约的“I love NY”文化衫一样，成为了北京的年轻人和老外圈里流行的一种时尚标志。这个老外叫 Dominic Johnson-Hill，中文名——江森海。

江森海来自英国伦敦，30 多岁，身材瘦高，周围的朋友都叫他老江。老江操着满口的北京话，最喜欢说自己是“混在北京”，在很多中国朋友看来，他还混得不错。

老江在北京二环内的南锣鼓巷胡同里开了一个小商店，主要经销文化衫，他给自己商店起名“创可贴 8”。如今，老江连同这家商店已经蜚声海内外，有多家国际通讯社都报道过他，不少的报道还被刊登在了时尚和时装杂志上。他本人也成了知名人物，经常有人在店里或者街上认出他，拉着他合影。

文化衫创意

很多人对于“创可贴 8”这个名字都不太理解，老江有自己的解释：“创可贴的英文名字是 plastered, 在英国有三个意思：第一个意思是一个创可贴；第二个意思是贴东西（在墙上或文化衫上）；第三个是喝醉了，完全喝醉了。而 8 就是发啊，意味着运气好，所以就选择了 8。”

店内摆放的各具特色的文化衫让每一个走进小店的中国人报以会心的一笑：有的文化衫上印着三个搪瓷缸，上面写有“社会主义好”的标语；有的印着 8 两粮票和“反对大吃大喝，注意节约”的“最高指示”；

有的印着“1.2 元 / 公里”——这是当年北京夏利出租车上的价签；还有的则印着中国共产党建党 50 周年的纪念标“1921—1971”……

老江在他的个性小店里

这些都是老江平时在北京的胡同里遛弯儿时发现并拍下来的。老江说他喜欢走路，感觉到处都是北京新鲜的标志。在老江眼里，这些上世纪 70 到 90 年代的图案、标志、商标等一些中国人几乎视而不见的符号，正是让他感觉最有中国韵味的，因为它们具有怀旧感。

可以说，从公交站牌到地铁车票，从“北京牌”暖瓶到红金鱼的搪瓷脸盆，从“为人民服务”到“收药 + 手机号”等等，无不进入老江的视线，每一个标志都有一个好玩的故事，都成了他创作的灵感来源。

首先，宫爆鸡丁是外国朋友最熟悉的一道中国菜，到北京一定要点这道菜，这是老外眼里的中国特色。于是他就制作了这样图案的 T 恤，穿起来也比较幽默，好玩儿。老江的文化衫记录了北京的过去和今天的变化。“1.2 元 / 公里”的出租车已涨到两块钱一公里了。

3 元的地铁票是老江最得意的作品，自然也是最走俏的。他说，如今地铁票已经改为 2 元，3 元的地铁票更多了一分收藏价值。与地铁票的歪打正着不同，一件印有以高楼大厦为背景的城市建设者形象的 T 恤是老江考虑良久的作品。农民工是最可爱的人，他们不应该被我们遗忘。为了避免侵权，他对几乎所有的标志都要用电脑软件做至少 10% 的修改。

最爱小广告

老江曾经穿过印有 “收药＋电话号码” 的文化衫。当时他是看北京城里很多地方都有乱贴小广告的现象，就设计了这款有“收药”字样的T恤来提醒那些贴小广告的人。那个号码就是他自己的手机号，据说他挂出这件T恤的第二天，就真的接到了卖药人的电话，后来电话太多了，他只好换号。当然，他也感到有些中国人反感这个，于是之后他便很少穿了。

小广告的灵感还激发了老江的其他创作，比如最近他设计了一款“为人民服务＋服务电话”的文化衫。老江解释说，这很有意思，这说明（毛主席）他还活着，人们可以通过下面的电话跟他通话。

另类的文化衫

现在有很多创作者在文化衫上印上现代的政治口号。老江说，他不会那么做，毕竟政治经常发生变化，而且他的产品要满足国际需要，政治性的东西难以让外国人喜欢。不过，老江似乎没有完全回避政治。在他离家只有两条胡同的北兵马司办公室里，老江正在指导设计人员为路透社设计奥运会期间穿的以“工农兵闹革命”为主题的文化衫。此前在“十七大”期间，他为路透社驻京记者设计的 “和谐十七大”文化衫就很受欢迎。他说，目前此类文化衫都是专门给别人定做的，如果委托方同意，这些文化衫还可以公开出售。

名片都扔到痰盂里

如今，“创可贴 8”店里的文化衫有数十种，除文化衫之外，店内其他的东西也非常具有英国式的冷幽默：瞧，门口摆放的一个红双喜字样的痰盂，样子依旧很新。老江说：“我最讨厌现代人动不动就掏出个名片显摆，所以我收到名片以后都把它们扔在这里。”

玻璃橱窗前是一个仿制的公交站牌，是 88 路汽车，始发站是创可贴，终点站是中南海，还煞有介事地经过好几站地，发车时间是早 10 点至晚 10 点，也就是商店的营业时间。后面的墙上摆放着一排搪瓷缸，印着“Beijing 8”，地铁 3 元车票图案等。旁边的收银台前摆着一个旧钟表，店员说，这也是老江淘换过来的，每天快 10 分钟，所以他们早晨开门后第一件事就是调钟表。

这些东西的创意基本上都是老江自己的，都很火暴，很多文化衫一两周就卖完了。因此，其他商店也看到了这个商机，也做一些“妇女能顶半边天”之类的文化衫。

我在南锣鼓巷溜达的时候，发现在离“创可贴 8”不远处就有两三家出售文化衫的店铺。“我不反对别人模仿，但是有两个老外最近在建外 SOHO 的设计跟我的完全一样，如‘妇女能顶半边天’，我特别恨这种人。”于是我就劝他说，京剧大师盖叫天曾说过，学我者生，类我者死。老江似有所悟地说：“他们抄得不像，这种灵感他们还找不到。幸运的是，还没有中国人模仿。”

或许不仅是我好奇，连其他的文化衫商店也会好奇，到底老江的灵感来自何处？一个阴雨的上午，我和老江在南锣鼓巷的家里慢慢聊起来，从他来中国的第一天开始讲起。

越是去不了的地方就越想去

来中国之前老江没有学过汉语，中国当时还没怎么开放，他接触中国的方法最多也就是到英国的中餐馆吃几次饭。他没上大学，曾经去过非洲、南美、印度等地。在他的想象中， 中国应该是每个人穿的衣服都一样，每个人都骑自行车。20 世纪 90 年代初，中国还很神秘，越是去不了的地方他就越想去。于是在弟弟的建议下，老江在 1992 年去了青岛。在那儿他发现没有人穿中山装，连自行车也很少见，便有些失望了。后来，一幅父亲指着工厂向孩子介绍工厂欣欣向荣景象的招贴画更让老江有些绝望，“我不喜欢工厂。”他说。

第二年，老江来到北京，享受了“标准老外的生活”：他不能住在中国人聚集的二环内的胡同里，只能住外国人公寓；买机票只能价格翻倍；没有中国朋友；无聊时只能在使馆里打棒球，或者去仅有的几个酒吧去喝酒。

首次领教官僚作风

1995 年，在北京的老江让家人从英国汇来一笔钱补贴生活，没想到这笔钱等了两个月才到。老江几乎天天去中国银行，人家每次都告诉他钱还没有到。两个多月了，生活拮据的老江终于急了，朝银行的工作人员大发雷霆，人家无奈，抛下一句话说，你去找位于西单的中国银行总行。

在中国银行总行，负责人在悠闲地抽烟，因为没有电脑，他只能在一堆文件里工作。说明情况后的第二天，来自英国的汇款单到了。

老江过够了拮据的日子。2000 年，他看到了上海的繁华，决定一个人去上海闯荡。结果，钱没挣多少，最大的收获就是一次短暂的婚姻留下的一个孩子。于是他带着孩子继续闯荡，先后去了菲律宾、澳大利亚，然后回到英国。

2002 年，怀揣着 600 英镑，回到英国的老江觉得自己很奇怪，因为没有信用记录，又从来没在英国纳过税，所以连申请一张银行借记卡都困难，最后他跑了三家银行才办成。回头想想，他还是怀念中国的生活，于是在 2003 年他再次回到北京。

到北京后他没钱了，他必须在中国打工才能生活下去。当时他想，等挣够了钱才能回英国。他首先做语言培训学校的服务工作，慢慢认识了中国朋友。为了学好中文，他偷偷地搬到大钟寺一个中国朋友家里住。

老江最初曾经在圆明园附近的胡同里住过，周围都是一些画家和艺术家，当时他们的画不值什么钱，老江也没想过要买几件作品。后来，有的艺术家声名鹊起，作品价格也水涨船高，回想此事，老江半开玩笑地说，要是当时买几件，今天的生活就不会这么操心了。

爱上胡同

一年多后，老江搬到南锣鼓巷的四合院，安居下来，娶妻生子。他每天的生活除了陪家人外，就是跟街坊邻居侃大山。一来二去，老江的汉语水平突飞猛进。现在他的朋友绝大部分都是中国人，他对北京人的那种幽默很是痴迷。“北京人的幽默跟英国人很相似，故意先说什么事有什么不好，就是那种被动的幽默。”找到第二故乡的老江开始乐不思蜀了。

除了侃大山外，老江自称最喜欢发呆，当自己能看到别人看不到的一些东西时，他就会几乎完全忘记周围的人的存在。比如，有一次看到一个暖瓶，他就觉得这是一个很有意思的东西，许多画面便飞出脑海。他思考、回味，全然进入了自己的世界。有时候白天想得太多，以至于

这是老江的“创可贴8”的门脸

晚上在梦里他都能产生灵感。

老江喜欢骑车到处拍摄，他敏锐地发现老北京的很多玩意儿都有怀旧的味道。他想到了欧洲很早就有怀旧特色的服装店。他总在想，自己为什么不能做一个北京的T恤品牌呢？为什么不能把他在北京14年里喜欢的有中国特色的street culture（马路文化）用T恤表达出来呢？

于是，2006年年初，他的“创可贴8”商店开业了，生意是胡同里的街坊照料的，所以老江对胡同感情深厚。在他眼里，胡同是北京的灵魂，是活的博物馆。

“我对胡同文化特别感兴趣，虽然我看书不多，也不知道胡同的文化和历史，但我能感觉到我的家和附近的文化氛围。我不想让南锣鼓巷变成后海一样的酒吧街，所以我老去办事处开会，跟他们讲道理，盯着他们做一些与保护胡同相关的有意义的事情。”

呼吁胡同保护的同时，老江时不时去街道办事处推广自己的想法。

“如果让这个地方变得跟酒吧街一样，那就完蛋了，因为这些胡同是北京的灵魂。北京的博物馆里没有太多东西，而这些胡同还活着。如果要让北京的小孩看北京的历史是什么样的，就要给他们看一些有创意的东西。我们应该借助胡同弄出一些有意思的事情来，那样就会影响他们，等他们长大以后就会明白他们是从这儿出来的，这是一个好地方。”

街道办事处的负责人对老江抵制酒吧的建议非常不理解。老江对他们说，1999 年的后海挺好的，如今越来越像 KTV，这是一场噩梦。如今的南锣鼓巷是自然形成的，他希望政府能引导，让大家明白，胡同的发展需要“创意”，而不是盲目地改造。

2007 年 6 月，老江在胡同里第一次搞模特儿走秀，把 T 型台搬到了胡同百姓的家门口。街道办事处很高兴，不过直到走秀的前一天才想起来通知派出所。派出所说，他们必须进行申请。但是时间已经来不及了。派出所就让老江直接找东城区政府。东城区政府的人默许了，于是老江就在自己的“创可贴 8”门口，做起了模特儿走秀，警察也在胡同口疏导交通，维护秩序，观众达数百人，演出大获成功。

新颖的活广告

2007年9月，有了第一次经验的老江跟《城市画报》共同发起了南锣鼓巷的“创意市集”。一切就绪前的一个星期，街道办事处突然说不让做了，原因是王府井也有一个文化市集。但是，老江把“创意市集”的意义提升到奥运会的高度，终于说服了他们。“创意市集”开始了，街道办事处的所有办公人员都来值班帮忙，一场大型的模特儿走秀影响了整个胡同，有上千人参加。让老江高兴的是，很多建筑业的民工也前来观看。

如今老江店内有约60种图案的文化衫，每年会推出约15种最受欢迎的新图案。老江得意洋洋地说：“从我的店后面自己住的平房一路走到我的店门口，在胡同里走秀，独一无二。”

名声远扬

算起来，老江在中国都生活15个年头了，虽然还没有挣上大钱，不过已经名声在外了。现在每天出去，几乎都能在路上碰见一两个人指着他说，“你就是电视上那个老外吧！” 老江还是觉得不自然。他不是那种喜欢出名的人。

对老江来说，出名显然利大于弊。利在于，他每天都电话不断，有谈合作的，也有希望帮他在全国其他地方作代理的。如今 “创可贴8”的批发点延伸到了湖南、广州、武汉等，北京的798艺术工厂也将准备作代理，英国伦敦的一家服装公司已经购买了版权，开始在英国大力推广。订单很多，老江却应付不了。他说主要问题是在中国很难找到供货质量稳定的加工商，代加工的产品70%都得退货。他在考虑是否让英国国内的企业代加工，虽然成本高一倍，但是可以保证质量。

老江的生意做大了，人员迅速扩充，他还购买了专门的库存查询软件。开支增加了，可收入却增长的没有那么快，这让老江感到有点压力。他说，自己还有三个孩子要养活，他们要上好学校，上好学校要花很多的钱。此外，他还跟着朋友做一些慈善事业。

店员是老江2007年年底正式雇用的，这次“扩兵”让他的公司一下子增加到了7个人，他也就不用像以前那样经常在店里待着了。虽然有了老板的正式身份，但连他自己都承认自己不是一个真正的商人。一个明显例子是，早在2001年，老江看到一则广告，说南锣鼓巷有间门脸房要出租，每月1500元。在当时还没有发现生意机会的时候，老江就把店面租下来，结果空了半年。

店员们抱怨说，老江一到商店就很容易给客人折扣，给外面的批发价也太低。可老江说：“太商业化了就不好玩了。我现在连一个商业计划书都没有，一边干，一边想。”

如今，老江的生意还是以文化衫为主，此外还有一些定制的小茶壶，烟灰缸等。别人问他，到冬天天冷时，还有多少人穿文化衫？老江说，他的商业计划还没有那么完善。让喜欢自由的老江变成生意人可不容易，而且当年他来中国也是“驴友”生活的偶然机缘成就的。

难眠的夜晚

第二次见到老江是2008年5月19日，恰逢四川汶川大地震全国哀悼日的第一天。在他家二楼的阳台上，老江背靠着核桃树的枝杈，显得有些难过：“英国没有地震，之前从电视上看到土耳其等地的地震，因为语言不通，难以理解，也不会那么担心。而今，中国就是我的家，从电视上我能看见画面也能听懂中文，再加上我又曾经去过四川，所以这几天我一直在想那么多埋在废墟里的孩子怎么办。想到这我就总是睡不着。”言语间，老江面色凝重，眼圈有点发红，语气低沉。

地震发生后的几天里，他跟几个外国朋友买了衣服、被褥、帐篷；

他的妻子看到那么多幼小的孤儿没有奶吃，就买了奶瓶和奶粉。这些救灾物资由 DHL 免费送到了灾区。当被问及有没有考虑过自己亲赴灾区时，老江说，如果很多人都开车去的话，会影响救灾物资的运送，所以他就放弃了这种想法。

“这是我第一次看到中国人这么空前团结，这可能跟社会主义制度有关，整个国家一起帮忙。相比之下，资本主义就有些自私。”老江说，在奥运会之前，中国人民的凝聚力将大大提高。在南锣鼓巷里，张贴着一张捐款红榜，我无意间发现老江的名字也在上面。老江看了微微一笑，在他看来，这不过是一件平常事。

除了捐款，老江还利用自己的优势，专门设计了地震主题的文化衫。文化衫的图案由三组形象组成，分别为“抱着儿童的解放军”、“年轻的便装女医生”和“小学生少先队员”，出现的文字为“咱们都能当英雄”。老江说，他希望借此体现并加强全国人民的团结，积极帮助灾区树立重建的决心！老江通过提供网络免费下载文化衫图片的形式，鼓励大家积极参与，把它们转印在文化衫上，可以自己穿，也可以销售。

老江说，他要把这个主题文化衫的销售利润捐献给灾区，帮助那里的孩子们重返校园。“无论做多做少，只要尽自己的一份力，我们就都是英雄！”

惬意的胡同生活

每天早晨，老江把孩子送到托儿所，有时在马路边吃早点，有时像很多“膀爷”一样，穿着睡衣出来买牛奶，然后回来跟胡同里的人聊天。“我就像一个不愿意离开小区的老头儿。”他这么说自己，这样挺好。

中午老江很想像中国人一样睡一会儿午觉，但是手下有好几个人，自己还要做出表率，所以只能想想罢了。

恬静的小院生活

晚上的时候，老江最喜欢的还是去胡同里遛弯儿，捕捉灵感的同时，也时不时发现一些好的餐馆，有时候走上一两个小时也在所不惜。跟绝大多数老外不同，老江晚上九十点钟就洗洗睡了。

除了去外地出差，老江很少出北京的二环，三里屯也不喜欢去，他不喜欢看见灯红酒绿和喝醉酒的老外。不好的就假装看不见，所以干脆就不出去了。

老江喜欢北京，他说，北京非常男人——很宽的路，很难看的房子，方方的楼。但是他喜欢这种感觉，甚至包括最近很有争议的央视新楼。“CCTV 的新楼很 powerful（强大的），但毕竟只有中国的中央电视台有这么 powerful。”北京的老东西很“土”，不现代，但这就是北京的味道。北京 30 年走过了英国 200 年的发展历史，很多的变化不可能完成得那么充分。他说自己喜欢迅速城市化背后的种种冲突。

很想去办一张绿卡

如今，三个孩子都在胡同里慢慢长大了，也能跟他爸爸一样，说一口流利的汉语。

在北京，很多老外都有自己的圈子，跟中国人来往并不多。他们的孩子只上国际学校，结果对本国文化了解不多，对中国文化更是一无所知，更别说尊重了。他们成了文化上没有归属感的“国际孩子”。

与老婆孩子在一起的老江感到生活就是这样普通而实在

跟大多数老外不同，老江的孩子可谓一半是中国人，他们跟中国孩子一起玩。谁家有好吃的，孩子可能就跑过去，有时候就睡在街坊邻居家里。他说，一个人只靠自己永远不能发展壮大，要用开放的心态理解他国文化，所以他要孩子们一直跟中国保持关系，甚至在中国发展。

由于这三个孩子都是英国的身份，所以老江想让他们上中国学校都有困难。老大五六岁了，在北京的一所法国学校读书，老二上托儿所，老三则由阿姨在家里照看。老江很想去办一张中国绿卡，却不知道怎么办。他听说好像只有少数知名的老外才能获得中国绿卡，或者在中国取得了突出成绩的才行，而他还没有把自己划归其中。他想，如果自己有了绿卡，他在中国的生活和孩子们的前途就更有一份保障了。

如今，北京奥运会就在眼前，老江的生意的确很忙。他相信，大量的老外会来到胡同旅游，很多人都会喜欢他设计的有中国特色的文化衫。

文/图/单金良

小档案

姓名：Belen Cliadra

中文名：贝伦

国籍：西班牙

职业：翻译

在中国生活时间：4年

梦想周游中国的西班牙女郎

人们一提起西班牙耳边就会立即响起弗拉明戈那明快的节奏，和西班牙女郎撩人的舞姿，还有斗牛士的迷人的身影。然而，当你遇见她时，你不会想到这位年轻美丽的女郎曾翻译过中国著名作家老舍的《茶馆》，并梦想着有更多的时间周游中国。

眼前是一位漂亮的西班牙女郎，看上去像个明星。棕黑色的卷发，迷人的眼睛，身材小巧，服饰优雅。其实，她是新华通讯社西班牙语部聘请的年轻专家，名叫贝伦 (Belen Cliadra)。

如果再一次选择，我还会选择学习中文

贝伦的家在西班牙南部的一个小城市格拉那达，距离首都马德里有700多公里，是一个临海的山地小城。贝伦从小学到大学一直未离开过她的家乡，在格拉那达大学读书时，她学的专业是英语翻译。这一切看似并不会与中国发生任何关联，而贝伦却选择了中文作为她的第二外语。

当问起贝伦为什么选学中文时，她坦率地说："在西班牙能熟练掌握中文的人并不多，这对工作就业有益处。况且，我对东方文明古国，对神秘的汉字也充满了好奇，所以就选学中文了。可以说，这是个偶然。"

开始学中文的方块字，贝伦感到很困难，很吃力，可渐渐地，她越学越喜欢，像着了迷似的，特别是通过学中文了解了博大精深的中国历史文化，让贝伦感到很过瘾，兴趣倍增。

四年的大学时光瞬间就过去了，贝伦的第二外语学习也告一段落。这时，贝伦有了一个强烈愿望，到中国去，继续攻读中文。她感到，中

国的大门已在她面前敞开，不能让它再关上了。于是贝伦经过申请得到了西班牙政府的奖学金，不远万里来到中国学习中文。

2004 年夏天，刚到北京的贝伦，一下子变成了“哑巴”，她发现自己虽在西班牙学习了几年中文，但一到中国的实际环境中，还是什么都不会说，一切需要从头来。贝伦一头扎进了北京外国语大学，重新开始刻苦学习，渐渐地，她能说了，也能听了。两年后，贝伦以优异的成绩完成了中文学习任务，于 2006 年 6 月从北京外国语大学毕业，并获得了中文本科学位。

贝伦很庆幸自己当初作出的选择，她说：“如果不来北京学习，我大概一辈子也学不会中文了。那样，不仅以前学习中文的时间会付之东流，而且恐怕我也永远无法领略到这门语言深厚的艺术魅力了。”

贝伦发自内心地说：“我和中国有一种缘分。从前我就喜爱中国的历史和文化，来中国后，发觉自己愈发喜爱上中国和各式各样的中国人了。所以说，虽然当初学中文可能是一个偶然的选择，但如果现在再让我选择一次的话，我一定还会学习中文。中文对我来说，就像一个我迷恋的情人，我对它情有独钟。”

有人问贝伦：“为什么要留在中国？”她说：“我来中国的主要目的就是学好中文。我是学翻译专业的，所以一定要学得精。如果说我来中国好几年了，还不能把中文学好，那就等于浪费了时间，虚度了光阴！”

贝伦继续学习的决心非常大。她给自己制定的目标是：再用一到两年时间，取得中文的硕士学位。目前她在北京工作，就是为了能积攒学费，同时寻找合适的中文课程、时间和导师，继续巩固和深造。

在贝伦看来，西班牙太缺少对中国的了解，她觉得随着自己中文水平的提升，她会把中国的情况更多地介绍到西班牙，把中国的书籍更多地翻译成西班牙文，让这两种文化更紧密地连接起来，进行广泛的交流传播。这将是一件非常有意义的事情。

字斟句酌译《茶馆》

从北京外国语大学毕业后，经朋友推荐，贝伦顺利进入了新华社国际部西班牙语组工作，负责翻译和润色稿件。能留在中国工作，贝伦很开心，因为这样她就可以在中国的语言环境下继续学习，提高中文水平。工作之余，她饶有兴味地阅读中国的小说、剧本等文学作品，寻找运用和提高中文的机会。

2007 年，贝伦抓住了一个机遇，同时也是一次挑战。在她的老师——西班牙大学汉学教授的提议下，她和另外两位年轻的西班牙学友一道，翻译了中国现代著名文学大师老舍先生的名作《茶馆》。

贝伦说："为什么会选择翻译老舍先生的《茶馆》呢？理由有三：一是《茶馆》这部中国现代的名家名作，早已有了英、法、德文版，却一直没有西班牙文版。这部作品虽然写于半个世纪前，描述的生活时代更早，但那些生活的影子在今天的中国现实生活中仍能找到。通过这个剧本，人们能深入了解中国的文化和中国人的性格；二是这个剧本的翻译难度比较适合我们几位年轻的中文学子，如是中国古代的作品，恐怕难度就更大了；三是 2007 年是中国话剧一百周年，我们为此完成这部中国名家名剧的翻译，也是一个有特别意义的纪念。"

其实对贝伦来说，最重要的原因就是，她热爱翻译！她把这次翻译当做一种继续学习中文的最佳方法。有了这样的挑战，有了实际操练和应用的经历，中文水平才容易提高和进步。

面对这次挑战，贝伦下了一番苦功夫。开始接触剧本时，生长在异国的贝伦对老舍所描绘的那个时代，那样的生活感到很陌生，不知从何下手去译。于是她找来 10 多本关于中华民国历史和民俗风貌方面的参考书籍，一点点地"啃"读，通过对数百万字相关历史资料的阅读和研究，贝伦逐渐熟悉和吃透了老舍先生所描写的剧情，翻译也开了窍。

贝伦分工翻译的是《茶馆》的第一幕，她说："我是认认真真，字斟句酌，一丝不苟翻译的。翻译了初稿后，我又一遍一遍地修改、加工、润色，前后整体修改了十多次，局部修改就更不计其数了。大概花费了三个多月时间，我才翻译完了老舍《茶馆》的第一幕。"

现在，三位年轻译者的译稿已全部完成，正由他们的西班牙老师统稿和润色，有望在 2008 年正式出版。

贝伦说："老师对我的译作挺满意，这让我感到非常欣慰。我期待着我们的翻译作品——《茶馆》的西班牙文版早日问世，那我们就成功了！"

贝伦还说，翻译了《茶馆》，才对老舍先生有了更深入的理解。"第一次读《茶馆》时，我并未发现老舍先生的幽默感，后来反复读，才渐渐体会到了他语言表达中的风趣幽默意味，有了这种感觉，就能找出相应的西班牙语词汇来翻译。就像我的一位大学老师所说的，光看书不一定印象深，印象最深的时候就是你翻译之时。"

欣喜期待中，贝伦满怀信心地说："虽说《茶馆》还不是我一个人独立翻译的，但将来我一定能独立翻译出更多的中国文学作品。"

贝伦的话，表达了她对中国文学的痴迷热爱。尤其谈起 20 世纪中国许多作家的作品，比如鲁迅、老舍、巴金、丁玲、苏童等，贝伦不仅感兴趣，还有不少个人见解。对于鲁迅的作品，她喜欢其风格独特，言辞冷峻，寓意深刻。"翻译这样的作品需要很深的功力。"她说。当评价现代作家苏童的小说时她说："虽然写的都是小故事、平常事，但很敏锐，有幽默感，很有生活味道。"

至于下一个翻译"目标"，贝伦还在继续思考和寻找。我们有理由期待，贝伦的翻译水平会快速提高，翻译风格会日趋成熟，我们也期待着贝伦的下一部新译作。

为什么不留在中国，这样的机会很难得

贝伦虽然年轻，却是新华社聘请的第一个懂中文的西班牙本土专家，而且她在国际部的对外新闻传播工作中还发挥了不小的作用呢！

为了强化中国新闻报道的影响力，国际部在编译稿件中特别增加了新闻分析、评论类文章。一般先挑选新华社记者或社科院研究员撰写的对世界新闻事件的评论文章，然后再翻译成西班牙文。此类稿件比一般消息稿翻译难度大，且一天要有三条之多。为了使译文更准确，贝伦经常把稿件的中文原稿拿来对照，根据她对中文的理解，直接寻找更贴切的西语词汇对译，充分发挥了她的语言优势。有时工作时间没能改译完，她就主动要求把稿件带回家修改润色。

让部门同事记忆犹新的是，2007 年 10 月中共“十七”大召开期间，西文部的翻译工作量一下子倍增。特别是大会开幕之际，外国政党的贺电贺函非常多，中午才接到，当天就必须发送译稿，翻译量达数千字。那天恰逢贝伦休息，中午，部主任试着给贝伦打电话，与她商量能否来加班，贝伦二话没说就立刻赶过去了。当部主任为占用了她的休息时间表示歉意时，她爽快地说：“我就是为工作而来，需要加班，完全没有问题。”同事们都说，贝伦就是这样，只要工作需要，她就会立即出现在工作现场。

贝伦对工作和学习的极端认真，也给她的中国同事留下了深刻印象。她对不懂的汉字一定要查字典或上网核查，或向中国同事请教讨论。她总是以一种做学问的态度去做工作，从不敷衍了事，因此她翻译或者修改的稿件准确率高，差错率低，得到了同事和领导的一致认可。大家都反映，稿件交给贝伦，放心。

由于贝伦的优异工作表现和出色业绩，在一年一度与外国专家续签

工作合同时，社里和部门一致同意给予贝伦一等加薪奖励。

贝伦虽然是新华社聘请的外国雇员，但她丝毫没把自己当做客人，而是积极参与新闻选题的讨论或重要专题报道等的策划。比如在编译一个重要国际会议稿件时，以往只选取会议主题内容报道编译，而贝伦建议说，还可增加一些会议的花絮内容报道，如参加会议高官所住饭店、爱吃菜肴等生活趣闻，这样可以使报道更轻松有趣，增强读者对会议报道的阅读兴趣。

当问起贝伦如何看待自己在新华社的工作时，她爽快地说：“我的工作很有意思，能够迅速了解世界各地发生的大事，再翻译成西班牙文迅速告诉西班牙和拉美国家的广大读者。再有，我天天都能学习新的东西，我很喜欢这种天天都有新变化的工作节奏和风格，感觉自己时时在迎接挑战，不断跟踪世界重大新闻事件的变化，并能通过我们的稿件反映出来，很有成就感。”

贝伦也很喜欢她的工作团队。她说：“我的中国同事对我非常好，我能随时向他们请教各种问题，中文水平在他们的帮助下大有长进。”

每年贝伦的生日，部门都要给她写一封祝贺信，许多同事还当面道贺。偶有生病的时候，部门的同事们忙着为她联系医院，还去医院探望她。

大家的关心，让年轻的贝伦感受到了一种家的温暖。

贝伦常说：“中国现在发展变化这么快，每天发生的事情这么多，工作生活都很有意思。中国正处在一个历史发展的关键时期，我能在这个重要时期来这里工作，很荣幸，这样的机会也很难得，为什么不待下去呢？也许有不少外国人，在中国短期停留，工作一段时间，旅游一下就走了。而我喜欢中国，也喜欢北京，生活也习惯了，我还准备继续在中国工作和生活下去。”

感受不一样的中国滋味

工作之余的闲暇时间，贝伦喜欢到北京的后海、天坛，还有散落在城区的那些小胡同里转转，在一些僻静的小酒吧、小饭店里坐坐，和朋友聊天、吃饭，享受一下轻松自在。

贝伦对坐落在城南的天坛公园，也是中国古代皇帝的祭天之地格外喜欢：“天坛离我‘家’很近，那儿非常安静，有许多古老的树，给人很沧桑的感觉。北海公园也漂亮，但花多树少，相比之下，我更喜欢大树，所以周末经常去天坛。风和日丽时，我在大树下一坐就是一两个小时，一边翻看书，一边听公园里大爷大妈们‘亮嗓’唱京剧，那种从书的字里行间，飘浮出丝丝饶有韵味的别样乐音的感觉，真好。”

京剧是中国的“国粹”，也是一种处在消失或保护发展的岔路口上的传统艺术。在北京的一些梨园剧场里，经常能看到专为外国人表演的京剧。但贝伦感觉，那种“京剧”不太自然，像表演，远不如公园里大爷大妈“戏迷”们唱得自在，唱得有滋有味。虽然他们并不“专业”，但却唱出了一种发自内心的喜爱，所以听来也格外有意思、有滋味。

遇到时间长一点的假期，贝伦也会约几个好友，一同踏上去中国各地旅游的路。在中国四年多，她去过的地方不算多，也不算少：上海、洛阳、西安、香港、成都、昆明……问她印象最深之地，她说，云南的丽江，美极了。

“我在丽江古城的四方街住了三四天，那儿有很小的巷子，弯弯曲

贝伦喜欢北京，也喜欢北京的红灯笼

曲，有小广场、小店，还有咖啡馆、小饭馆，特别是当清早起来的时候，街上很安静，水洗的石板路面光亮明净，清新爽人。有时我去那儿不是为了看什么，就是想去找一种感觉，在石板路上走一走，或找一个咖啡馆坐下来，拿一本书看上半天，感觉很舒服。”

贝伦特别喜欢小城、小镇，一种小巧玲珑、清新安详的氛围和感觉。“西班牙也有不少古城、小镇。在丽江，就让我想起了少年时代曾去过的一个西班牙古城。它在马德里的南面，是一个小城市，叫德莱多，那里也有许多小巷和石板路，弯弯曲曲的，虽然建筑风格与丽江不尽相同，但感觉很相似。一到丽江，就一下唤醒了我对德莱多的记忆。旅游就是这么奇妙。”

对于中国的大城市，贝伦感觉大多很相似，特色鲜明的不太多，但对四川成都，她却留下了深刻印象。“当时北京还是天寒地冻的冬季，成都却早已春暖花开，春意融融了。阳光下，许多人坐在大大小小的茶馆里，一边喝茶，一边摆‘龙门阵’，气氛非常轻松，我也像成都人那样，在茶馆里好好‘泡’了一回，很是享受。”

贝伦还有许多梦想中要去的地方，比如西部辽阔的新疆、西藏，比如安徽黄山周围那些美丽的古村、小镇……她说：“中国太大了，南北东西各有许多奇异的自然景观。旅游中国太需要时间了。我现在努力学习、工作，将来会有更多的时间去探寻，去享受中国的美好，风物长宜放眼量嘛。”

外国人来中国生活，同样不容易

贝伦在中国，在北京生活 4 年多了，她对中国人、北京人也有了更多的亲身体验和了解。

贝伦说：“最不同的一点是，我在中国是‘老外’，因为我有一张西洋人的脸。而不像在欧洲，从外表很难分清你是哪国人。一般中国人与‘老外’还是有些隔阂，他们比较内向、拘谨，不易表达感情。只有接触时间长了，才对你敞开心扉，让你感觉到他的热情友好！不像我们西班牙人，刚一见面就非常热情开放，不管认识不认识，很快就能熟识起来。”

但贝伦也观察到，中国人和西班牙人有许多相似之处。比如都很珍惜自己的家庭，都很喜欢朋友间相聚时的热闹氛围等等。

贝伦说她很喜欢住在北京味儿很浓的居民小区里，听一些大爷大妈聊些家长里短，也喜欢吃牛街的拉面、羊肉汤，还有四喜丸子、宫保鸡丁等中式菜肴。街坊邻居对她很不错，住对门的阿姨，中秋节时还特意为她送来了中国月饼。

而让贝伦最难忘的是，刚来中国时，语言还不过关，出去购物时，别人听不懂她的中国话，她也听不懂别人的话，因此常闹笑话。她觉得十分尴尬，好像自己有毛病似的。

有时候，租住的房屋马桶漏水，或电冰箱、微波炉坏了，要找工人来维修。由于不熟悉社区情况，她要一趟趟地跑这儿跑那儿找人联系。如果工人修理得不好，还要再去找房东交涉，所以贝伦深有感触地说：“一个外国人要在异国他乡生活，确实不容易。有时候就像个小孩子似的，对中国的事情什么都不懂，会遇到许多不便和困难。”

没见过用秤称水果的小贩

还有一次，贝伦的男友要回西班牙探亲，贝伦为他买好了往返的飞机票，没想到临行前的一天，贝伦在收拾桌子时，不小心把放在桌子上的机票当废纸给扔了，这下可惹了大麻烦，两人都非常焦急。贝伦只好到处打电话询问机票怎么补办，因为是外国人，手续非常麻烦，要去派出所开证明，去公安局盖章，再去航空公司补办。最后去航空公司时，出票机又坏了，要等好几天时间，险些耽误了航期。就这样，贝伦闯过了一道道关，终于使男友按原定计划乘上了飞往西班牙的航班。

在中国成长的美丽爱情

虽说在异国他乡生活让贝伦感到一些难处或不便，但有了一位两情相悦的男朋友陪伴在身边，使贝伦在感情上得到了许多慰藉。

贝伦和男友自幼生长在同一座城市，是青梅竹马、两小无猜的伙伴。在中学相识，大学又成为一个专业的同学，只是在选修第二外语时，贝伦选了中文，男友选了法语。因此，贝伦一毕业就来了中国，而男友则多学了一年法语口译，比贝伦晚毕业一年。

然而小伙子不能忘情美丽迷人的贝伦，一毕业就奔来中国看望她，两个西班牙年轻人携手旅游中国，陶醉于美丽的山水名胜，忘情于醉人的爱情之中。

为了心爱的姑娘，同时也为了在异国他乡成长的梦想，小伙子留在了北京，而且受聘于新华社另一个部门，和贝伦成了同事。他们在充满魅力的中国继续谱写着美丽的爱情故事。

对于贝伦一心想深造中文的想法，男友不仅全力支持，且全身心地陪伴左右。

前不久，男友的工作又有了变动，从新华社调往北京塞万提斯学院去当教师。这所学院是为促进西中交流，把西班牙文化更好地介绍给中国而开办的。新的工作岗位和环境使他的工作时间更富有弹性，有了更多时间去做一些翻译。另外，男友也抽出一点空余时间，请了一位中文老师，开始学习中文。

“中文老师每周给他上两次课。有时候回到家，我就成了他的‘家教’。他会问我‘这个单词怎么写？’像个小孩子似的。有时我也有意考考他刚学的中文单词怎么说，他总是不好意思回答，怕说错了我笑话他。”

笔者问贝伦：“男友是不是受了你的影响，才开始学习中文的？”

贝伦半开玩笑地说：“他来中国三年多了，还不会说中文，自己感到有点不好意思了。”贝伦还夸赞男友说：“他的听力很棒，学习中文的进步很快。”

这对情投意合的西班牙情侣，在异国他乡的中国，收获了浪漫爱情，也收获了知识与经历。

远离家乡的贝伦，不仅有男友的陪伴，还有父母的支持鼓励。贝伦的父亲是一位律师，经营一家律师事务所。虽然父母对远在中国的女儿非常想念，但总是在电话中和贝伦回国探亲时不断给爱女精神上的鼓励，他们说：“只要女儿愿意，我们一定会尊重她的选择。我们年轻时没有国外工作的经验，现在年轻一代能到国外工作，多积累经验，对他们的人生非常有益。”

文 / 刘东平

小档案

姓名： Igor Rogachev

中文名： 罗高寿

国籍： 俄罗斯

职业： 外交家

在中国生活时间： 28 年

难以割舍的中国情

这是一位和蔼可亲的长者，这是一位与中国有着一生一世情缘的“中国通”。他的人生岁月中有一多半的时间是在中国度过的，因此，他把中国视为他的第二故乡。他是中苏和中俄关系的见证者，也是中俄友好的促进者。而今，耋耄之年的他还有一个最大的梦想——促进两国政治、经济、文化进一步合作和发展。他不是别人，正是中国人民熟悉的老朋友、常驻中国 13 年的前任俄罗斯驻华大使罗高寿。

“我的朋友遍中国，我是怀着伤感离去的。”三年前的蒙蒙细雨中，一个高大的身影步出挂着俄罗斯国旗的黑色奔驰车，随后登上了飞往莫斯科的飞机。他就是刚刚卸任的俄罗斯驻华大使罗高寿。三年后，这个熟悉的身影再度出现在北京机场，这一次，罗高寿是应中国政府的邀请前来参加北京奥运会开幕式的境外友人。“再一次回到我所熟悉的地方，我很高兴。”

罗高寿，1955 年毕业于苏联莫斯科国立国际关系学院。1992 年至 2005 年担任俄罗斯驻中华人民共和国特命全权大使。这是人们能找到的关于他的最官方的介绍。在奥运会即将开幕之际，我们特别安排了一次对这位曾三次来华工作达 22 年之久的“中国通”的专访，希望能为读者讲述一些关于他的有趣故事。

外交世家的中国情结

一别三载，这位卸任的外交官再次回到这片有着几十年情结的土地。相同的是依然灿烂的笑容、流利的中文，以及对中俄友好的期盼；不同的是心境和责任，没有了昔日肩负两国关系重担的他尽情享受着人生的欢乐和友谊的甜蜜。

“只要时间许可，我就会努力去感受中国的变化。我充分地感受着中国的深厚情谊与伟大。中国是需要用一生来了解的国家。”罗高寿曾在自述中这样写道。这份中国情结不仅贯穿于他的整个外交生涯，也牵系了罗高寿（罗加乔夫）家族的数代外交官史。

罗高寿的父亲，阿列克谢·彼得罗维奇·罗加乔夫是一位对中国有着深厚感情的汉学家兼外交家，按照俄罗斯姓氏接近的发音，他的中国朋友为他起了一个地道的中国名字——罗高寿。当老罗高寿的儿子来到中国工作时，就沿用了这个美好吉祥的中国名字。而罗高寿大使自己的俄罗斯姓名——伊戈尔·阿列克谢耶维奇·罗加乔夫，如今在中国反倒很少有人知道了。

回忆起自己的父亲，罗高寿的表情开始有些凝重。“1924 年，他第一次来到中国，在广州为当时的苏联军事顾问当翻译。1927 年，广州起义爆发，粤系军阀抓住了几名援助红军的苏联工作人员，还好我的父亲和其他几名同事及时逃走了，这就是为什么今天我还能坐在这里接受采访的原因。被抓住的 4 名苏联同事不幸牺牲了。现在，广州起义烈士陵园里面还有这 4 位烈士的纪念碑。”

即使在那个危险动荡的年代，老罗高寿还是毅然选择了再次来到他熟悉的中国。“我从一出生就在中国生活了，中国就是我的第一故乡。”罗高寿说。1932 年，出生刚满 3 个月的小罗高寿随父母来到中国新疆，那时他的父亲老罗高寿正在迪化（今乌鲁木齐）苏联总领事馆任职。“所以每当我的中国朋友问我，您从什么时候开始学习汉语的，我就开玩笑地说我从 3 个月大就开始学习汉语了。”听到这，在座的所有人都会心地笑了。细细算来，罗高寿与中国的情缘可以追溯到第二次世界大战之前，跨越了近一个世纪，是凝结了 70 余年的感情。

1936 年至 1939 年，老罗高寿被派往哈尔滨的苏联总领事馆。那时的满洲里还被日军所占领。提起这段童年的经历，罗高寿仍然记忆犹新："有一年冬天，天气非常寒冷，气温降至零下 15 度。日军封锁了苏联的总领事馆，所有苏方工作人员全部被困在里面，不允许出去买食品和其他物资。那时像我这样大的小孩子都被父母叮嘱不要到外面乱跑。还好我们的总领事和法国的总领事关系很好，他会过来给我们小孩子送些吃的东西……"在讲述童年的困难和动荡时，已经年逾 70 的罗高寿表情无比平静，仿佛这些事情只是发生在别人身上。在我们的印象中，俄罗斯是一个豪迈、热情、阳刚的民族，而他心平气和谈论困难的口吻又在这种豪情之气上显现出优雅和宽容的气质。生活中人们总会遇到困难，不抱怨、不愤怒，像接受面包和盐一样接受困难，这才是真正的气度。

后来，老罗高寿回到莫斯科，继续着他的中国情结。"回国后，父亲在莫斯科国立大学教授汉语和中国文学，而且翻译过许多中国的经典名著。其中最出名的是《西游记》和《水浒传》。"罗大使谈到父亲的文学造诣时，脸上露出微微的笑意。"他翻译的名著在俄罗斯很畅销，从 50 年代初第一次出版到现在已经是第四次印刷发行了，每次都一销而空。除此之外，他还翻译过很多中国现代作家的作品，比如鲁迅的名篇《祝福》、《高老夫子》和《离婚》，老舍的小说《无名高地有了名》、马烽和西戎的《吕梁英雄传》、草明的《原动力》等作品。"

罗高寿长大后，老罗高寿迅速把自己对中国、中国人民、中国文化的热爱与外交事业的奉献精神传承给自己的儿子。一如现在罗高寿又把他的中国情结传递给自己的孙子。

罗高寿一家三代，包括他本人，他的儿子和孙子全都毕业于俄罗斯外交官的"摇篮"莫斯科国际关系学院。"我儿子是一名外交官，现在在纽约担任俄罗斯驻联合国常驻副代表，他刚刚 45 岁就已经升到副大使的级别，职位很高，所以我常和他开玩笑说不要超过我。"俄罗斯式的幽默逗得我们哈哈大笑。

“我的孙子今年24岁，去年从莫斯科国际关系学院毕业后到俄罗斯外交部司法司工作，他在学校主修国际法专业，是国际法方面的专家。我在驻华使馆工作的时候，让他到中国生活了几年，所以他和我一样也会讲流利的汉语。”罗高寿的眼中闪烁着幸福与自豪的光芒，“你们中国不是有句俗话说‘有其父必有其子’嘛，我建议应该改一改，不如说‘有其爷必有其孙子’”。

中俄关系的见证者

1992年年初，俄罗斯首任总统叶利钦签署总统令，任命外交部副部长罗高寿为俄罗斯联邦驻中国特命全权大使。从此，罗高寿为中国人民所熟知，至今，人们见到他，依然亲切地称呼他罗大使。但其实早在上个世纪50年代初，他就已经亲身见证了中国与苏联的诸多历史时刻。

“1956年4月，新中国成立后我第一次来到中国工作。”罗高寿那时刚从莫斯科东方大学汉语专业毕业，就在熟悉的中国开始了自己的外交官生涯。在那5年里，罗高寿多次给毛泽东、周恩来等中国领导人担任翻译；并于1956年夏天陪同苏联医学专家赴中国中南部血吸虫病肆虐的村庄了解疫情。

1958年1月，罗高寿被调到苏联驻华大使馆工作。讲到这段经历的时候罗高寿还向我们透露了一个心愿。他至今清楚地记得，1960年11月，在

1960 年 11 月 7 日，中国共产党中央委员会主席毛泽东（左四）、中共中央副主席、国务院总理周恩来（右二），中共中央副主席、全国人民代表大会常务委员长朱德（右一）等党和国家领导人，应邀出席了苏联驻中国大使契尔沃年科（右三）为庆祝十月社会主义革命 43 周年而举行的招待会。

苏联驻华大使馆举办的庆祝十月革命胜利 43 周年的招待会上，他曾经坐在毛泽东主席身边担任翻译工作。“那张和毛主席的合影应该存放在新华社的图片档案库里面，我希望你们能帮我找到它。”

1972 年夏天，罗高寿调回莫斯科，在外交部远东司担任高级参赞后升至副司长。不久又升任外交部副部长，同当时的部长——后来的格鲁吉亚总统谢瓦尔德纳泽一起共事了 5 年多的时间，跑遍了亚洲所有的国家，以及澳大利亚、新西兰，还曾陪同戈尔巴乔夫出访日本、韩国、印度和中国。“这其中最重要的是，1989 年 2 月我曾陪同谢瓦尔德纳泽来北京为戈尔巴乔夫访问中国并同邓小平会晤做筹备工作。”罗高寿为自己曾参与这一里程碑式的会晤而感到自豪，“当时邓小平住在上海，我们从北京赶往上海去见他，他首先同外长握手，然后同我握手说：‘哎呀，我见过你，你在 50 年代末给我当过翻译。’”

“经过我们将近一年的努力，最终在 1989 年，戈尔巴乔夫成功与邓小平在北京会面。我当时也在场，我记得邓小平在会谈中说过一句很有前瞻性的话‘结束过去、开辟未来’，从那时起中苏关系开始改善。我觉得邓小平是20世纪最出色的一位政治家。他为中国的经济带来了巨大变化，为世界树立了良好的榜样。世界上的很多国家都在学习中国的经验。”罗高寿如是说。这样亲切的赞美有一种英雄惜英雄的味道。

1992年叶利钦签署总统令把这位“中国通”派到北京担任驻华大使，4月份罗高寿向当时的国家主席杨尚昆递交国书，这一任命延续了13年。这期间，大使印象最深的事情就是亲身参与《中俄睦邻友好合作条约》的起草。“我和中国同行多次讨论过这个条约的构想。在得到两国领导人的批准之后，我们在谈判桌上谈了很长时间，认真起草每一个条款。这是一个非常愉快的过程。”他清晰地道出条约的签署日：2001年7月16日。作为驻华大使，他再次见证了中俄关系的里程碑——中俄战略协作伙伴关系的建立。

“还有一件令我难忘的历史性事件。”罗高寿提到，去年10月普京总统访华时，俄中双方签署了俄中国界东段补充协定。“我早在1986年到1991年，就曾率领苏联政府代表团就边界问题同中方举行过12次会谈。2007年10月，普京总统与胡锦涛主席共同为这个问题画上了圆满的句号。就在前几天，在2008年7月21日，俄罗斯与中国再次签署了一项边界勘定议定书，正式界定了两国长达4300公里的国际边界，至此双方的疆土问题将全部得以解决。”其实卸任以后的罗高寿大使还在密切关注着两国关系的发展，并继续为之努力。他说，自己离开的只是北京东直门北中街那座圆顶穹庐式的建筑，但中国却从未真正离开过他的心。

在职期间趣闻多多

罗高寿与中国几代高层领导和外交官相识，如他自己曾经说的那样

“我的朋友遍中国”，加之其幽默机智的性格，使他在任期内与中国朋友发生了不少趣事，为 13 年的大使生活增添了不少小插曲。

“我经常与我的中国朋友一起共进晚餐，有一次，他们到我家来，带给我 4 瓶酒，说：‘这是种福酒，对身体非常好，您一定要喝。用黑蚂蚁和龟泡成的酒，喝上半年之后头发就变黑了。’”罗高寿不紧不慢地说着，“可是，我都喝了好几年了头发也没有变黑，后来我明白了，他们说的话是针对中国人的，对于我来说就是头发不变白了。”我们一边笑一边看了一眼罗大使的头发，76 岁高龄的他确实没有一丝银发，不知是不是这种酒发挥的效力。我们心里默默地祝愿他坚持喝下去，如他的名字一样健康长寿。

话音刚落，罗高寿又像一位地道的导游一样向我们抖起了旅游经，不知这是不是他高寿的另一个秘诀。从哈尔滨到海南，从北京到新疆，罗高寿跑遍了中国大部分城市，哪有什么特色如数家珍。“每年秋天在大连举办的服装节都会吸引来自各国的大使”；“北京的烤鸭店和老舍茶馆我经常去”；“喜欢到十三陵水库游泳”；“每年在你们春节的时候，我都要去海南度假。不过现在去三亚旅游的人太多了，距三亚 20 公里处有一个地方也很美，而且没有什么人知道那里，很幽静的……”我心想他真不愧是个中国通。罗高寿说：“我和三亚的市长说，你们不是有俗话说上有天堂，下有苏杭么，我说我要改成上有天堂，下有三亚。”

曾担任大连市长的薄熙来就是罗高寿的好朋友之一。罗大使向我们讲述了一个和薄熙来市长之间的小故事。罗大使喜欢弹钢琴，能用钢琴弹很多中国歌曲，像《团结就是力量》、《我是一个兵》等等。以前在大使馆工作的时候，中国的广播电台、电视台常邀请他去演奏，比如《莫斯科—北京》,《人民在前进，前进》……后来薄熙来得知罗大使会弹钢琴，就对他说：“以前不知道您会弹钢琴，我们辽宁生产的钢琴是全国最好的，我送给您一架。”罗大使对此并没有太当真，就回国休假了。

当他再次回到北京时，使馆的工作人员对他说：“罗大使你不在的时候，有件奇怪的事情，来了一辆大车运来一架钢琴，我们把钢琴登记注册在使馆里面了。”就这样钢琴成了大使馆的财产，而不是大使的私人物品了。罗高寿大使两手一摊，一副无奈的表情，引得在座的人又笑起来。

“两年前，我到纽约参加一个国际会议。其间，在纽约工作的儿子、儿媳来看我。儿子恳求我当“参谋”，带他们到唐人街中国商店买些中药和中国的酒。我高兴地答应下来。第二天，我们来到唐人街。那里到处都能看到写着汉字的广告牌，听到中国音乐，简直像到了上海或是广州。我们挑了一家最大的店铺走进去，一位中国小姑娘和我打招呼说：‘Hello, how are you?’我说：‘你好！’”罗大使纯正的中国发音让那个小姑娘摸不着头脑：一个在美国黄头发的老外怎么会说出地道的汉语呢。“我们继续在商店里面逛，这时，店里的一位老先生朝我直奔过来，笑着打招呼：‘罗高寿大使，您好！您怎么来美国工作了？’我惊讶地问道：‘您怎么认识我？’他用手指了指店里的电视机：‘我们天天都能看到中国的新闻，您经常在电视里露面，都成明星了。’通过交谈我才知道，原来这位老人11年前就来到美国，他完全是通过电视认识我的！”听到这里，我想把罗大使说的“我的朋友遍中国”改一改，应该是“我的中国朋友遍世界”。

“官方”大使变“民间”大使

采访期间，让我们特别好奇的是，卸任后的罗大使居然有5个手机。虽然已经卸任，但看来罗大使每天过得并不轻松。

2005年5月底罗高寿回到莫斯科，被阿穆尔州推选为联邦委员会上议院议员。阿穆尔州拥有最长的与中国接壤的边界线，长达1300多公里。州领导对同中国合作很感兴趣。而从当大使的时候开始，罗高寿就常常与黑龙江省、吉林省人大的朋友见面，协助促进双方的合作交流。“今年是阿穆尔州成立 150 周年，我希望在周年的庆祝会上可以邀请中国的朋友参加。我现在最大的愿望就是希望把远东、新西伯利亚的发展纲领和振兴东北老工业基地的政策联系起来。”罗高寿说，自己的这个想法获得了广泛的支持，不仅两国的高层领导表示赞成，中俄双方的省级领导对此也很感兴趣，《黑龙江日报》还专门针对这个题目做了长篇报道。

一个月前，黑河市政府代表团到莫斯科访问并向罗高寿说出了“两国一城”的构想，罗高寿对此大为赞同。“其实黑河与阿穆尔州在很多理念、政策上都惊人的相似，我们建议可以建立友好城市，建设一个黑龙江大桥，组成一个经济区域，促进两国经济进一步合作和发展。这就是我最大的梦想。”罗高寿动情地说。

2008 年秋天，罗高寿还将参加莫斯科国际关系学院博士论文答辩。他的论文题目是《20—21 世纪中俄关系》。“三年以前我出版过的一本

罗高寿参加第十五届哈洽会，与老朋友见面

俄文书也是这个题目，这本书收录了我从 1972 年至 2005 年发表过的文章。其实我在 1991 年就已经收到了‘建议授予罗高寿同志历史学荣誉博士’的学位邀请。当时只需要将我的所有文章、演讲和书目收录在一起就可以获得这个学位。但正在这个时候，叶利钦总统发布总统令派我到中国担任大使。这么着我的博士学位的申请就中断了，而现在要想获得这个学位则需要重新答辩。”罗高寿说，经过了这么多年，他终于有时间可以完成这一夙愿了。

回到莫斯科后，罗高寿依然保持着中国式的生活方式，每周都会去附近的中餐厅“报到”。他告诉我们，在莫斯科有大约 100 多家中餐厅，中国驻俄罗斯大使刘古昌介绍给他几家比较正宗的中餐馆，但是他和刘大使都认为最好的菜还是大使馆里面的。罗高寿在莫斯科的家中也到处都是中国的东西，包括中国花瓶、字画、观音、佛像、书、地毯、茶叶和各种中国酒——茅台、老白干、绍兴黄酒。他的儿子还收集了 100 多枚毛主席像章。“很多到过我家的朋友见到这么多中国物件之后，都说，好像进了博物馆。”罗高寿说起这些，不禁流露出些许自豪。

传授：如何成为优秀的外交官

不是每一位外交官都像罗高寿那样能与所在国家完美地融合在一起。罗高寿站在自己的角度，向我们介绍了他成为一名优秀外交官的宝贵经验。他认为，外语能力和专业能力方面的素质都是次要的，最重要的是应该深入了解所在国家的历史、传统习惯、国情状况，以及这个国家经历过怎样的改革发展，然后再客观地评价这个国家，并客观地看待这个国家的对内和对外政策。

在采访结束的时候，我们邀请罗大使一起合影留念。当他起身走过来的时候，我们又有些后悔，因为刚刚动过腿部手术的他，看上去行动有些不便。罗高寿似乎看穿了我们的担心，便用开玩笑的语气又给我们讲了个段子：“90 年代的时候，俄罗斯政府代表团举行招待会，中国的一位部长说为我的健康干杯，希望我不仅是 20 世纪的驻华大使，而且是 21 世纪的大使。我当时就笑了，说：‘部长同志，为什么要把我的职业限制在 21 世纪呢？’”

在和罗高寿的谈笑中，我们愉快而且顺利地结束了采访。临走之前，我们突然想起 Ben Jonson 赞扬莎士比亚的一句话：He is not of an age, but for all time. 他不仅仅属于这个时代，更属于所有时代。

也许这句话更能概括罗高寿的大使生涯：他不仅是我们这一代的大使，更是世代外交官的楷模。

文 / 徐晏卓　肖连兵

小档案

姓名： Carl Crook

中文名： 柯鲁

国籍： 英国

职业： 商人

在中国生活时间： 40 年

英国的"老北京"

他的父母是在中国参加革命的国际共产主义战士。1949 年他出生在北京，7 岁以前只会汉语。他在上世纪 60 年代当过一名红卫兵，也曾是"老三届"的一员……这些复杂的经历融合在一起，让所有听说过他故事的人唏嘘不已。见过他的人，无不佩服他那一口纯正的京腔，简直就是一个地地道道的北京人。殊不知，他是英国人，名叫卡尔·柯鲁，正式的身份是外企名特葡萄酒公司的总经理。

柯鲁 (Carl Crook) 身材高大，标准的西方人，唯有性格略微内向些，但是一聊起来，满口的北京话让人惊奇。一个朋友甚至半开玩笑说，柯鲁说话好像有人在他背后演双簧。不仅是说北京话倍儿溜，他还时不时冒出“他们外国”之类的词语。介绍电视采访时，也时不时冒出来几句毛主席诗词。

如今，柯鲁住在北京西三环一套改造后的四合院里，事实上，柯鲁也是新中国成立后第一位在京建房的老外。柯鲁非常热爱中国文化和历史，尤其是北京的文化和历史。柯鲁当然也爱美食，其中一大人生乐事就是坐在古色古香的庭院里，跟三五个好友烤羊肉，喝葡萄酒，陶醉在古今文史交谈中。谈起跟葡萄酒和美食的渊源，柯鲁说，王府井东来顺和西绒线胡同的四川饭店无疑是他最初的美食记忆，或许是父亲无意中造就了他这一嗜好。

柯鲁（右一）与父母和两个弟弟在一起（1955 年）

从出生到现在，除了 1973 年到 1984 年这

10年，他已经在中国住了40多年，他的父母住在这里的时间更长。柯鲁的父亲戴维·柯鲁克1910年出生在英国伦敦，1936年加入了西班牙国际纵队，随后受共产国际委托来到中国，在成都结识了伊丽莎白，一个出生于成都的加拿大传教士的女儿，两人婚后于1947年进入中共晋冀鲁豫根据地，深入河北农村进行土改调查，曾经写下《十里店：中国一个村庄的革命》一书。新中国成立后，柯鲁克夫妇协助中国政府在北京创办北京外国语学院，退休后的伊莎白如今已经90多岁了，依然住在北外的校园里。

柯鲁没有步随父母进入教育事业，却进入了葡萄酒饮食行业。这一发展或许也受其早年生活的启蒙。据柯鲁回忆说，上世纪50年代，父母生活很简朴，但时不时父亲也会带着四五岁的柯鲁坐三轮车去王府井的东来顺吃一顿。那时东来顺有一种大火锅，锅里有一些隔断，一大群不相识的人一起吃，各在各的隔断里涮肉。那时并不奢侈的吃法是柯鲁对美食最早的美好记忆。

之后，年幼的柯鲁先进入了崇文小学，后又考进了北大附中学习。当时粮食紧缺，于是柯鲁跟所有在华的外国人一样品尝了“忆苦饭”的滋味。“忆苦饭呢，就是要回忆旧社会的苦，当时吃的就是一些粗粮，什么高粱啊，棒子面啊，再掺一点糠类的东西啊，比那个棒子面还差一点，忆苦饭肯定不能好吃。”柯鲁说。

红卫兵柯鲁衣食无忧内心忧

1967年，“文革”刚刚开始，柯鲁的父母因所谓的“间谍罪”被抓了起来。柯鲁在难过的同时，也体会到没人管教的自由。幸好，父母每个月加在一起360元的工资却照常发放，相比当时普通工人三四十块钱的月工资，这笔钱算是一笔巨款了。于是，柯鲁尽管失去了父母的关怀和管教，但是却多了和朋友走访北京周边的名胜古迹和城中为数不多的餐馆的机会。难怪“文革”在柯鲁的记忆中还有一些美好的回忆。

在“文革”浪潮的席卷下，柯鲁加入了北大附中红卫兵中的“红旗”派，但他更多的应该是一个旁观者。“当时作为一个外国人，我的参与比较边缘，只是参加了各种各样的会，并没有参加武斗。”柯鲁说，自己的家也曾被其他红卫兵抄过。

1969年，同学们都上山下乡时，柯鲁和弟弟去了海淀农机修配厂做了两年工人。而后去了北京第一汽车修理厂做工人，一干就是4年。柯鲁后来回忆说，当时的日子也没有那么苦，这或许是因为对于自己的年青时代，人们习惯把它美化的原因吧。他清晰地记得，当美国前总统尼克松访华的时候，他和很多同事在早晨4点钟就被叫起来，清理前往八达岭长城道路上的积雪。

柯鲁文革期间在江西安源

1973年，在周恩来总理的亲自过问下，柯鲁克夫妇终于获得了解放。柯鲁回忆说，周总理在人民大会堂举办的一个招待会上，向被关押过的这些外国专家道歉，并为他们全家举杯，希望这一事件不会使他们对中国留下痛苦的回忆。柯鲁说，父母即使在狱中也从未怀疑过自己所选择的生活道路的正确性。

虽然在“文革”中没有受什么苦，但是柯鲁对“文革”的感受却并不轻松，“物质上没有经历缺吃少穿之苦，但精神上曾感到压抑。本人没有受过大苦，并不是说‘文革’的教训不惨痛。”他说，从当时来看，阶级斗争和路线斗争有时只是表面的口号，“文革”的引发是自上而下的，并非自发行为，但群众的狂热响应却是自发的。不排除有些人为了社会发展方向而进行的路线斗争，但是更多的人却是借用路线斗争和社会无秩序来泄私愤，比如某人多年前被人“穿小鞋”，而今借机报复。

柯鲁（右）和两个弟弟和朋友在北京西山

柯鲁说：“谈起‘文革’，大家都自认为是受害者，但是很多人也应该认识到自己也是施害者，当年抄过我家的红卫兵，如今见了面，也没有想起来道歉。”谈到中国人如何走出“文革”的历史心结时，柯鲁说，美国的南北战争造成2500万国民中有100多万人死去，比中国“文革”还残酷，他们也是在几代人过世后才坦然反思的，可能中国也要走这条路。

回英国探亲补习英语

柯鲁克夫妇被解放三个月后，柯鲁离开了中国，不过他始终没有脱离与中国的关系。1974年在朋友马妮的帮助下，他们一起去美国马萨诸塞州大学念书，马妮后来成为了他的妻子。拿了教育学的硕士学位后，柯鲁又考入斯坦福大学，拿到了东亚学的硕士学位。遗憾的是，他没有念完中国历史学的博士，所以不敢自称汉学家。

柯鲁7岁之前几乎没有学过英语。柯鲁后来解释说，父母都是北京外国语大学的英语教师，所以中文口语并不太好，但是为了让孩子们能

柯鲁1973年离开中国时，朋友们在北京火车站为他送行

够跟中国人正常交流，在家里父母当时都说中文。因此，1957年，他跟家人赴加拿大和英国探亲时不得不上英语补习班，刚来到加拿大乘坐出租车时，一位当地的华人出租司机被柯鲁流利的汉语弄得目瞪口呆。直到去美国上大学后，柯鲁才真正地融入英语的环境。

除了语言，影响柯鲁最深的就是中国文化了。他说："虽然从小就知道我不是中国人，但在文化上我应该是中国人，中文可以说是母语。在北京就像回到家乡一样。"柯鲁也承认，美国的自然环境清洁优美，所以他时常也想回美国生活一段时间。柯鲁说，能够在中英两种文化中找到归宿是他的幸福，这还得感谢他的父母。

能做葡萄酒生意得益于改革开放

1984年，柯鲁终于又回来了。这回他的身份是西方石油公司北京联络处的主任，负责煤矿业务。这个中国通很快便用自己的中国关系打开了市场。4年后，由于国际市场煤价狂跌，西方石油公司退出合资公司。柯鲁到美国，做了些中国业务咨询的事，然后又回北京在一个从事跨国运输的英国公司干了两年多。

柯鲁回到北京在煤矿干了5年后，又到美国待了几年。1994年他和朋友在中国开了一个从事包装技术工作的公司，后来因为资金问题没有坚持下来。但是和他一起做公司的美国朋友，正好是一个很懂葡萄酒的人。那个时候，中国没有什么好葡萄酒可买。于是他们开始经营进口葡萄酒，不久这就成了他们公司的主要业务，也是柯鲁与葡萄酒打交道的开始。从此葡萄酒成了柯鲁的一大爱好。“我们大概是在中国经营葡萄酒最早的一家外国公司了，那时不像现在这么多做进口葡萄酒生意的公司。现在有不少代理几百种酒的公司，整个中国市场上现在能有上千种葡萄酒了，竞争很激烈。”作为最早的开拓者，柯鲁也在推广葡萄酒文化，他翻译了西方不少有关葡萄酒的介绍，在中国媒体上发表。渐渐地葡萄酒开始被人们所接受，并进入到北京的不少餐厅里。

在很多朋友看来，柯鲁是一个讲究酒文化的人。“葡萄酒不应该成为一种奢侈消费的标志，也不应该采纳白酒的那种‘干杯’传统。饮酒要讲究适量、品味，了解如何用不同的酒搭配不同的食品。而且葡萄酒品种繁多，蕴含着丰富的历史和地理知识，了解起来那真是其乐无穷。如果人们只是单纯拿它来展示财力，摆排场，那就是纯粹的奢侈行为，不能算是享受。”

一个讲究酒文化的老板

柯鲁说，中国目前人均葡萄酒消费量不过世界平均水平的十分之一，所以潜力巨大。柯鲁说，可以肯定，10年后中国人还会喝葡萄酒。另外，北京正在成为一个真正的国际化的大都市，对各种葡萄酒的需求将会变得越来越大，其地位也会越来越高。

谈到自己的现状，柯鲁似有遗憾地说，自己没有继承父母的革命精神，却经常在问自己能为中国做些什么，毕竟自己是改革开放的受益者，也为北京这几十年的发展感到高兴。出于对北京古都风貌和传统文化保护的担心，他曾经给北京市规划部门写过信，也曾经为古城内四合院被拆掉表示痛心。另外，柯鲁认为进口葡萄酒也为北京的发展增添一些色彩。如今，他的公司从以前的六七名员工发展到现在的近百人，也算是给社会提供了一些就业机会。

无意中“芝麻开门”发现酒窖

十几年前，柯鲁买下了北京紫竹院附近一个破落的院子后，便自己动手建造了一座中式仿古小楼。柯鲁拿出盖着当时市长印章的黄色的旧房契，和印着外准字 001 号的新房产证明，得意地说自己大概是近年来第一个在北京盖房子的外国人。

其实，拿到 001 号的房子的确不易，也有偶然的因素。1989 年 3 月，年近 40 的柯鲁想买一座四合院，他一直就想在北京买房，但管理部门不批，后来他就想了一个迂回的办法——借母亲的名义买房。

柯鲁的母亲虽然不是中国籍，但因曾为中国作出过突出贡献，被授予过北京市的荣誉公民称号，他就借助这个称号，以母亲的名义买下了房子，数年后又过户到自己名下。

10 年后的一天，柯鲁在跟老邻居酒酣之后，无意中得知这房子地下还有一个地窖，不过他并不知道具体位置。经过几个星期的“秘密”勘察，柯鲁终于找到了这个地窖的入口，不免有一种“芝麻开门”的神秘感觉。

沿着陡直的台阶往下走，不算走廊的话，这里有四个小间。位置最正的一间放了几十瓶葡萄酒，其他三间一个空着；一个摆了一溜石佛像，另一个有张雕花书桌，上面线装古籍，文房四宝一应俱全，头顶吊着一盏镂空的生铁小灯，灯门可以打开，用以放蜡烛。地窖里面的温度保持在16度左右，湿度也非常适合保存葡萄酒。

在自家的酒窖里畅饮

这一发现让他欣喜若狂。虽然不信仰上帝，但柯鲁认为这是天赐的宝贝。他说，做了十几年葡萄酒业务，一直想建一个酒窖，结果偶然发现了一个。于是他对地面稍做整修，整个工程也没花多少钱，“要真是自己建这么一个酒窖，天知道要花费多少。”

如今这个地窖成了他向每一位来访的客人炫耀的宝地，没有客人的时候，他也很愿意一个人来到这里回味。夏天，柯鲁喜欢跟朋友们在凉爽的地窖里品酒，躲避北京的桑拿天，谈论中国文化。

中式庭院生活

如今，这个院宅旁边已经建起了高高的人济山庄塔楼，院北不远是从颐和园流到城里的长河运河，门口处一棵水榆迎风作响。虽然紧临西三环，但这里却是闹中取静。走进这座改造后的两层楼的四合院，映入眼帘的是院子里那高大的枣树上挂满的红彤彤的枣子，院内藤萝缠绕，房屋严格遵照中国传统的方式，窗户、门都做成中式花格，古色古香，让人想不到这是一位英国人的家。

远离闹市的宁静小院

院子里有一个像井一样的烤炉，点燃木炭烧烤，旁边有一个测温表，能很好地控制温度。冬天，柯鲁就在这儿烤全羊、开葡萄酒款待朋友。来这里的朋友不少是柯鲁小时候的好友，跟他一样的红色革命后代。柯鲁说，有一次他们从小一起长大的外国朋友，在院子里吃烤全羊，兴致来了，大家还一起合唱样板戏。“听起来够怪的吧，一群老外唱样板戏。”

仿古小楼客厅打通了一层和二层，阳光很容易从房顶透下来，显得很透亮。客厅右手一尊大弥勒佛显示了主人的乐观，让人乍一看觉得这不是一个外国人的家。客厅里最显眼的还是墙上一张放大的黑白照片，照片上正是柯鲁父母年轻时在晋冀鲁豫边区的照片，他们穿着当时臃肿的军棉袄，就像当时很多的中国革命者一样。

柯鲁的父母年轻时在晋冀鲁豫边区的合影

柯鲁说，尽管时代变了，他还是很尊重他父母的看法。他们是社会主义者，他们希望中国富裕起来，但是他们更重视社会关系，比如社会的公平公正。而他觉得如今中国富裕起来后，就已经是一个难得的成就了。

为儿子没上几年中国学校感到遗憾

在二楼的书架上，摆放着很多的中文书籍，不少还是繁体字的线装本，最多的恐怕还是有关中国历史的书。这些书可不是摆设，他喜欢看的有梁思成写的《清式营造则例》，由此他熟悉了各种古建筑部位的名字，也正是这本书帮助柯鲁改造了他家的四合院。“椽子是杉木的，檩子用的是黄松，大梁是松木，花格用楸木，地板用橡木。”柯鲁谈起来津津有味。

柯鲁对中国历史和文化的熟悉程度让不少中国人惊诧和汗颜。他说，在一次旅行中，他无意间发现了明朝“土木堡之战”的遗址，而这

柯鲁与母亲（前右）、妻（前左）、儿（后右二、左二）和两个弟弟（后左一、三）

些知识都要归功于他书架上的那些古书呢。

如今，柯鲁 90 多岁的老母还住在北京外国语大学的外教公寓里，身体特别硬朗。柯鲁是个孝顺儿子，每周都去看望母亲，毕竟老太太身体好也是他自己的一大宽心事。柯鲁的三个儿子都在国外上学，每年放暑假他们都会住在这里。

“我觉得中国的文化遗产是个挺好的东西，遗憾的是到我儿子这辈传的不深，中文差一些，我居然觉得对不起祖上了。”柯鲁笑道。话语间流露出中国人的情感。他还说，自己也没有指望几个儿子能够像他这样说一口流利的中国话，毕竟儿子们从小上的基本都是国际学校。

如今，这几个孩子有的学工程，有的学生态学，至今他还没有发现哪个孩子对葡萄酒更感冒，“看来我们家是开不了父子店喽”，柯鲁打趣地说。

谈到 2008 年在北京举行的奥运会时，柯鲁说，奥运会期间，他碰巧出国，没有赶上，有些遗憾。他在路上遇到了一个报道过 10 届奥运会的英国记者，他对北京奥运会的感觉跟柯鲁的很相似。这位记者说，他经历了最美的奥运会，不是因为宏大的开幕式，而是发现中国人是如此的友好，而且志愿者也是最好的。柯鲁觉得，北京奥运会是一次成功的盛会。作为一名英国人，他相信 2012 年的奥运会也将是与众不同的，有机会他一定会去看看。

文 / 单金良

小档案

姓名：Antonio Fernandez Arce

译名：安东尼奥·费尔南德斯·阿尔赛

国籍：秘鲁

职业：记者

在中国生活时间：30 年

半个世纪的中国情

今年77岁的秘鲁专家安东尼奥·费尔南德斯·阿尔赛先生是一位有着传奇经历的人物：40多年前，他初来北京访问时和毛泽东主席握过手；“文革”期间，周恩来亲自指示，挽救了他小女儿的生命；20世纪70年代初，他受托为中国与秘鲁建交担任了秘密信使……

他与中国有着近半个世纪的不解之缘！血浓于水的深厚情谊！

毛主席说，你们秘鲁古代的印加帝国很了不起

时光回溯到20世纪50年代初期。

在距中国很遥远的南美洲，秘鲁首都利马，时为年轻记者的安东尼奥·费尔南德斯·阿尔赛在秘鲁报界十分活跃。他以出色的新闻业绩和组织能力，25岁时就当选为秘鲁全国记者协会主席，并筹办了全拉丁美洲的记者协会。

阿尔赛那时很想了解刚成立不久的新中国，他和一些秘鲁进步青年组成了一个秘鲁中国友好协会，多方收集了解有关新中国的各种情况，希望通过民间渠道拓展与新中国的友好交往。身为秘鲁记协主席的阿尔赛，还经常参加一些世界性的新闻工作者会议，与中国交往的机会就在这时不期而遇了。

1960年10月，阿尔赛出席了在奥地利维也纳举行的世界新闻工作者会议。在会上他第一次接触到了来自中华人民共和国的使者和记者同行，他记得，当时中国新闻代表团的成员有中国记者协会会长邓拓先生，《中国建设》（现更名《今日中国》）杂志社的创始人和社长金仲华先生等，阿尔赛和中国同行们进行了愉快的交流。

在那次大会上，阿尔赛接到了许多国家记者代表团的访问邀请，其

中包括当时的苏联、中国、匈牙利、捷克等国家，“但我第一个选择的就是去中国。从那开始，我和许多中国老一辈新闻同行都成为了好朋友。”阿尔赛充满回味地说。

就在那年寒冬，阿尔赛和十几位来自巴西、秘鲁、玻利维亚等拉美国家的新闻记者一道，来到中国访问。

阿尔赛有幸首次来华就受到了毛泽东主席等中国领导人的接见。

回忆起那次会见的情景，阿尔赛至今难以忘怀。

1960年阿尔赛第一次访问中国时受到毛泽东主席的接见

“汽车开进了中南海，在一个宽敞的会见厅，我们见到了向往已久的毛主席，当时参加会见的还有周总理、陈毅等。毛主席是新中国的缔造者，在我们这些拉美进步青年的心目中也有崇高的声望。”

出乎阿尔赛意料的是，毛主席不仅对拉丁美洲的现实很关心，对拉丁美洲的历史也十分熟悉。会见开始后不久，毛主席便说：“拉丁美洲离中国很远，我们双方的来往和了解还远远不够。今天请你们这些朋友来，你们就是帮助我们了解拉美的最好老师。”

接着，毛主席转身对坐在一边的阿尔赛说：“你是秘鲁来的，你们那里古代有个印加帝国很了不起，有发达的农业，高超的建筑技艺，还掌握了不少天文知识。据说还是一个有着严格道德标准的社会。”

阿尔赛回答毛主席说：“我们印加人世代相传、信奉的道德标准是三句话：莫偷盗、莫说谎、莫懒惰。”毛主席听了后一边重复着这三句话，一边点头说：“多么好的道德标准啊！”

阿尔赛和在场的拉美朋友无不感到毛主席的话十分亲切，并为毛主席对秘鲁历史的熟知满怀钦佩之情。

第一次来到这个遥远而充满神秘的国家，阿尔赛的兴奋之情可想而知。

清晨，他不顾刺骨寒风，登上北京饭店的顶层，放眼望去，朝阳里的天安门城楼金光灿灿，古老的城墙四方绵延，还有威严的紫禁城、气派的正阳门、宏大的天坛，这些古老的建筑无不诉说着北京古城辉煌的历史文化。

走在东长安街，他看到了汽车、自行车，三轮车……喇叭声和铃声交相呼应，热闹非凡。在前门外，他还意外地看到了稀罕的骆驼运输队。走进工厂、田间，他能感受到工人和农民的主人翁姿态和劳动热情；走进学校、少年宫，他能感受到孩子们的活泼和纯真。

这些生动的画面融会在阿尔赛心中，勾勒出了一个古朴自然，又有勃勃生机的崭新国家的形象。

从此，阿尔赛和这个古老的东方大国结下了不解之缘。他每隔一段时间，就利用各种机会来中国走走，看看，还利用假期来中国采访。他以自己的见闻和亲身感受，写了大量关于中国的报道，发往拉丁美洲各个国家的报刊媒体。一时间，他成了拉美媒体公认的发稿最多、最具说服力的中国问题报道专家。

60年代阿尔赛在中国访问

女儿的血液里，流淌着周总理的关怀和中国战士的鲜血

1966年3月，阿尔赛又一次应中国记者协会邀请来中国访问。这次他在天安门城楼上第二次见到了毛主席，并到中国各地采访。然而待访问团成员大多回国后，他却独自一人留了下来，因为这一次，他还带来了一大批秘鲁的民间艺术展品，希望能在中国展出秘鲁的宝贵文化艺术。他利用采访之余，紧张联络和筹备展览，最终由他个人出资，在北京的劳动人民文化宫成功举办了这次丰富多彩的秘鲁民间艺术展览。中国对外友协会长楚图南亲自出席了展览的开幕式，中央新闻电影制片厂为展览拍摄了专题纪录片，这段10分钟的纪录片阿尔赛一直保留在身边，他说，这是自己为中秘交流做的一点儿实事。

1967年，阿尔赛再一次只身来到中国，在当时的北京广播电台——即现在的中国国际广播电台——西班牙语部协助工作。那时中国到处都在搞“文革”运动，社会秩序很乱，许多外国人都返回了本国，阿尔赛可能是当时唯一留在中国大陆的秘鲁人。但他坚持了下来，因为他想尽可能地多了解中国的实情，也想为日后撰写中国的书籍多积累资料。

这一次，他的妻子也来到北京，他们的女儿梅梅于1970年在北京出生。可是小女儿出生没多久，就得了严重的败血症，被送进北京儿童医院，病情非常危险。而阿尔赛作为外国专家，正与几位负责翻译中共即将召开的大会文件的专家一道集中住在对外封闭的北京郊区驻地，不能回家。身为父亲的阿尔赛尽管担忧和焦急，但为了工作，只好忍耐着，把一切都交给医院和妻子。

正在这时，周恩来总理又一次来看望几位外国专家了。交谈中，翻译告诉总理说，这位秘鲁专家的女儿得了重病，住在儿童医院抢救，他顾不上去照顾孩子，仍在坚持工作。总理早已听说有一个外国小女孩在儿童医院接受抢救，现在才知道是阿尔赛先生的女儿。于是他马上布置人打电话，从军区医院调来好几位名医，为梅梅进行了联合会诊，总理还指示说："一定要全力挽救秘鲁小姑娘！"并嘱咐有关单位务必精心治疗。

当时梅梅的病情需要大量输血，可儿童医院血库中与梅梅血型匹配的血浆已所剩不多。主管医疗部门立即与驻京部队联系请求援助，许多战士得知消息迅速赶来医院献血。在病魔无情威胁着秘鲁小女孩生命的紧急时刻，中国战士的鲜血源源不断地输进小梅梅的血管里，使得生命垂危的梅梅转危为安，脱离了险境。

此时日理万机的周总理仍然牵挂着梅梅的病情，多次要求办公室的工作人员及时询问了解梅梅的治疗进程。直至知悉小梅梅已病愈出院，他才放下心来，并且托人捎口信向阿尔赛先生表示祝贺。

每当阿尔赛先生回忆起这段动人往事时，心情都格外激动。他说："周总理体恤人民疾苦的高尚品德有口皆碑。可想不到对一个外国的小孩子也如此关怀备至、体贴入微、情同骨肉！多亏中国的好总理，给了

1960年阿尔赛与周恩来

梅梅新的生命，这是我们一家永远也不会忘记的！”

还有一件让阿尔赛难以忘怀的事，那是和周总理初识的一个小插曲。

阿尔赛第一次来京受到毛主席接见，在进入会见大厅前，有一位彬彬有礼的官员来到车门前和阿尔赛等人握手问好。而当时阿尔赛并不认识这就是周总理。待毛主席接见结束后，阿尔赛请翻译将他单独引见给周恩来总理，翻译告诉他，刚才进入会见大厅前，在车门前和他握手的正是周总理。

阿尔赛一听，连忙请翻译陪同他去向周总理问候和道歉，说明自己以为车门前握手的是礼宾官员，而未致以敬意，特请总理原谅自己的疏忽和不恭。

周总理听后爽朗地大笑起来，他说：“请不必介意，我们现在不是认识了嘛。认识一个朋友有‘相见恨晚’的感觉，正说明我们是真正的朋友啊！”阿尔赛听着周总理含义深邃的话语，深为周总理的大度和涵养所折服。

1976年1月8日，当周恩来总理与世长辞的噩耗传来时，已返回秘鲁的阿尔赛一家万分悲痛。阿尔赛特意带着女儿梅梅赶往中国驻秘鲁大使馆参加吊唁周总理的活动。梅梅和父亲在总理的遗像前深深默哀，并在吊唁簿上留下了对这位于他们一家有救命之恩的好总理的哀思。

随着时光的流逝，梅梅一天天长大，后来也当了母亲，她对周总理有了更加深切的理解。1999 年在庆祝中华人民共和国成立 50 周年时，梅梅专门撰写了一篇文章，题为《中国融合在我的血液和心坎里》，深情表达了她对中国和中国总理周恩来的无限感激之情。

他担当了中国与秘鲁建交的特殊信使

1970 年末，阿尔赛收到了一封家书，说父亲病重，希望他能回秘鲁看望。阿尔赛连忙向北京广播电台说明情况，准备回家探望父亲的病情。

临行前，阿尔赛受到后来成为第一任中国驻秘鲁大使的焦若愚先生的邀请，同周总理一道喝茶。阿尔赛记得，就在那次谈话中，周总理明确表示了中国愿意与秘鲁扩大交往，并提出了有关中秘接触和建交的“八点原则”，其中的五点即是著名的和平共处五项原则。因为阿尔赛是当时唯一在中国工作生活的秘鲁人，所以周恩来总理希望他能把这八点原则亲自传递给秘鲁政府要人。

带着中国总理的重托，阿尔赛和夫人及两个女儿经香港回国。而才 8 个月大的小女儿梅梅在香港入境时又遇到了麻烦。因为梅梅没有秘鲁护照，只有在中国出生的证明，所以还不能随便进入这个英属殖民地香港。后来经过几天的反复交涉，在秘鲁驻香港领事巴兰迪亚兰先生的出面证明下，阿尔赛一家大小才得以进入香港。那一整天，襁褓中不谙世事的小梅梅没有一口奶喝，可怜地哇哇直哭。

一到香港，阿尔赛马上与秘鲁驻香港领事巴兰迪亚兰先生彻夜长谈。因为他知道，领事馆是秘鲁官方机构，在中秘接触和建交这件事上肯定能发挥作用。果然，巴兰迪亚兰领事立即向秘鲁政府通报了阿尔赛肩负的使命。于是，当阿尔赛一家乘坐的飞机抵达秘鲁首都利马机场时，出乎预料地发现总统府的特派专车早已在机场等候他们了。

一下飞机，专车就将阿尔赛一家直接送到总统府。秘鲁政府当时的第二号人物与阿尔赛会面并密谈，阿尔赛当面递交了来自中国的八点原则备忘录文件，并转达了中国总理的观点和诚意。

然后，阿尔赛就回到阔别已久的家乡探望老父亲。回家后第七天，总统府再次电话召他回首都利马详谈。在这次谈话中，政府要人告诉他，秘鲁政府完全同意中方的八点原则建议，并开始筹划与中国进一步接触和商洽建交的事情，但考虑到与周边国家的关系，此事正在秘密加紧筹措，因此也请他这个特殊信使严守秘密。

1971 年 4 月，中国第一个官方代表团一行 5 人，在中国外贸部副部长周化民团长率领下访问了秘鲁。就在机场欢迎中国代表团的仪式上，秘鲁政府官员正式对外宣布：秘鲁同意中国关于中秘建交的八点基本原则，并把宣布文本交给中方。知悉这一重要外交文告的内容，许多前来机场采访的新闻记者非常兴奋，他们迅速刊发了消息，在国际上引起了轰动效应。

对于担当中秘特使的阿尔赛来说，中国代表团的到来更使他欣喜异常。他陪同代表团到秘鲁各地访问，还主动担当了“导游”。他向中国代表团成员介绍，秘鲁的国名来自于当地土著民族的克丘亚语，意为“大玉米穗”或“玉米之仓”。他还介绍了自 12 世纪至 16 世纪初，印加帝国的盛况和其故都库斯科城被誉为“宇宙中心”的景象。

阿尔赛的“导游”给中国代表团的访问增添了许多乐趣和热门话题。经过这次访问会谈，中秘双方还达成了共同协议，决定在两国互设商务代表处。

两个多月后，阿尔赛又一次被派往中国北京，成为秘鲁驻华商务代表处的顾问，继续为中秘两国的贸易往来和建立外交关系奔波忙碌。在商务处的积极推进下，秘鲁向中国的出口源源不断，第一年的出口就有

15 万吨鱼粉、2 万吨鱼油、4 万吨铜、1 万吨铅、1 万吨锌等。

用阿尔赛的话来说，当时的商务代表处实际上是个“临时大使馆”，不仅有许多商务方面的事情要忙，还要为两国建交进行紧锣密鼓的筹备工作。建交的形势发展快速，秘鲁驻华商务代表处才成立运作了半年，就迎来了中国和秘鲁两国正式建立外交关系的日子。

1971 年 11 月 2 日，中国和秘鲁正式宣布建交。记得那天，北京前门外的一家山东饭店张灯结彩，外交部长乔冠华亲临饭店，出席为庆贺中国和秘鲁建交举办的盛大宴会。阿尔赛也作为嘉宾赴宴，两国嘉宾频频举杯，为中秘人民的友谊干杯！

接下来，两国刚刚互设不久的商务代表处正式更名为大使馆。同年，联合国正式恢复了中国在联合国的合法席位，许多不结盟国家纷纷承认中国并与中国建交。

李先念笑说：“我看，您成了大批判的国际战士了！”

1973 年，阿尔赛回到秘鲁，担任了秘鲁《新闻报》的新闻采编部主任。这期间，他依然高度关注、跟踪中国形势的发展变化，对中国每一历史进程中发生的大事都予以报道评论，特别针对西方舆论恶意攻击中国的报道和观点，他以中国社会进步见证人的身份，以亲见亲历的事实为依据进行严厉批驳。他撰写的大量关于中国的文章、评论和报道，由于能抓住读者心理，生动而又有说服力，受到了读者的广泛好评，不仅在秘鲁的报刊发表，还在其他拉美国家和西班牙的媒体上刊登。在那几年间，阿尔赛成为拉美新闻界颇有名气的“中国专栏记者”。

1976 年 10 月 6 日，中国一举粉碎了“四人帮”，从而迈进了一个新的历史时代。远在秘鲁的阿尔赛敏锐地关注到了这一点，他很快在 1977 年 4 月与秘鲁中国友好协会主席奥尔维戈索先生一道来中国访问。

1979 年李先念会见安东尼奥

阿尔赛认为，作为在中国工作和生活过的外国人、中国人民的老朋友，自己有责任把中国的真实情况报道出来，这不仅是对西方反华舆论甚嚣尘上的一个反击，也是给处于思想混乱中的秘鲁和拉美人民的一剂清醒剂。因此，他希望深入了解中国情况，写出第一手报道，公正评价中国，以正视听。

在这次访问中，阿尔赛受到了当时担任副总理的李先念的接见。他感到李先念平易近人，谈吐幽默，帮助他解开了不少思想疑团和顾虑。

会见那天，阿尔赛谈起"文革"初期，他对批判陈毅的过火行为非常反感，对江青控制文坛，只让演八个样板戏，国际广播电台也不让播送拉美优秀歌曲的做法非常不理解时说："现在我才明白，他们的行为叫做'倒行逆施'。"李先念听了哈哈大笑起来，幽默地说："我看，您成了大批判的国际战士了！"

此次来中国，阿尔赛还有一个由来已久的愿望：想以自己的见闻和亲历，写一本关于中国的书。这个愿望在“文革”期间根本无法实现，而现在有条件实现了。

在中国访问的日程安排得很紧张，阿尔赛白天参观访问、座谈，晚上整理当天的访问记录。整个访问期间，他抓紧一切时间，写出了大量关于毛泽东之后的中国的报道文章。

访问结束回国后，阿尔赛便把这次访问中国后陆续发表的文章汇编成了一本书，名为《毛以后的中国》，这本书在拉美和西班牙语读者中颇受欢迎，成为对他们认识了解中国非常有价值的读本。

每听到一个中国的好消息，他都会感到由衷的兴奋

1983 年，阿尔赛再次来到中国，担任了新华社国际部西班牙语部的外国专家，且一干就是十余年。阿尔赛感到，在每天阅读的新华社稿件的字里行间，他学到了许多东西。

对于中国正在进行的改革开放，阿尔赛感到很有必要。“这是中国落实四个现代化宏伟目标的真正开始，尽管这一目标早在 60 年代就被周恩来总理提出来了。”他说，“毛泽东也曾提出过，中国经历了这么长的封建时代，人们和社会的头脑应该有所改变，思想和观点也应有所改变了。”

生活在中国改革开放现实中的阿尔赛，不像一些外国媒体那样，只注意了解中国政治进程中较表层的东西，而是更注重中国社会政治进程发生的缘由，以及更深层的文化历史背景。他觉得在新华社工作，帮助他更深刻地认识了中国。

阿尔赛工作起来非常投入。不少年轻编辑说，常听到他办公桌上的打字机嗒嗒作响，那声音震颤了整个大办公室。每当他改好一篇稿件，或完成了一篇关于中国的报道，都显得十分兴奋。他的工作精神也感染

阿尔赛和夫人

了周围的中国同事。

这期间，阿尔赛还收获了浪漫的爱情。1985年，他在友谊宾馆的一次舞会上，认识了刚从国外留学归来的北京姑娘，他们一见钟情，相互为对方的魅力所吸引，热恋了一段时日后，结为伉俪。夫人成了他生活、工作上的贤内助，美满的家庭使阿尔赛的中国生活愈发有滋有味。

中国日新月异的改革变化，让阿尔赛感受颇多，他一面工作，一面抓紧时间采访，搜集资料，撰写出了大量客观报道中国的高水平文章，在许多拉美报刊和西班牙媒体上发表。

有一年，阿尔赛生病在协和医院住院一个多月，血色素低到了7克，但他仍把打字机搬进了病房，在病床上不停地打字、写稿。一篇稿子写完后，不管多晚，他马上打电话叫夫人赶来医院，把写好的稿件拿到北京电报大楼传发。有一天下大雨，夫人仍冒雨赶去发稿，生怕耽误了稿件的时效。她非常理解丈夫的心情，在敬业的阿尔赛眼中，新闻高于一切！

在阿尔赛的家里，他的夫人拿出了许多他的作品给我们看，其中有介绍中国三峡大坝建设的文章，有介绍神州五号飞船上天的消息。特别是一本名为《中国的时代面貌》的画册很引人注目，它是由哥伦比亚一家出版社用中、英、西班牙三种文字出版的，图文并茂，印刷精美，非常漂亮。一位墨西哥评论家评价这本画册说，这是一本最全面介绍中国的书，它对中国文化、历史、风俗的描述非常详细和准确，是外国人了解中国的最好读物。

2004年，阿尔赛被中央电视台西班牙语新闻频道聘请为高级顾问，继续为中国新闻和文化的对外传播交流贡献智慧与才华。由于阿尔赛在中国的工作成就突出，被外国专家局评为“有杰出贡献的外国专家”。

阿尔赛对中国的热爱发自内心。每当从中国传来好消息，他都会感到由衷的兴奋。比如，听到中国“申奥成功”、“加入WTO”、“神舟五号飞天”等消息时，他都显得格外激动，连夜赶写文章，把这些中国的好消息迅速传递给拉美国家的广大读者。有时乘坐飞机，一看到有关中国的报道，他马上留存起来，为日后撰写中国报道积累资料。

前两年阿尔赛回秘鲁时，曾接受了秘鲁最大电视台的专访。记者问他：“能否以您多年在中国的经历谈谈，为什么与一些世界大国相比，中国能在近年取得如此快速的经济和社会发展呢？”

阿尔赛回答说：“中国在四分之一世纪中取得的发展成就，简直就是一个奇迹，非常了不起！这个奇迹在全世界也是很罕见的！”

“中国能快速发展的原因有许多，但最重要的一点是，中国有十分稳固的政治基础，这就是中国多民族的安定团结。这从根本上保障了国家改革开放政策的全面实施。”

阿尔赛对中国的评说很具说服力。他本人在中国的传奇经历也成为中秘两国长期友好关系的有力见证。

如今，阿尔赛在北京世纪城的新寓所定居了下来，北京成了他的第二故乡。他仍在不断地阅读、思考和写作，中国是他永远说不完、写不完的话题。

文 / 刘东平

小档案

姓名：Ulrich Kausch

中文名：康立晨

国籍：德国

职业：高级管理人员

在中国生活时间：13 年

我的快乐中国生活

他在这里学会了中文，他在这里找到了自己的另一半，他在这里建立了家庭，他在这里学会了做人……

一个从小就对东方大国和古老文化充满梦一般幻想的德国年轻人，正在实现他的一个个梦想。不过，他还有一个更大的目标——用汉字表达思想。

“我叫康—立—晨。健康的康，站立的立，早晨的晨。”我们刚一见面，他便流利风趣地用中文介绍起自己的中国名字。

在深圳翡翠航空公司总经理办公室任外籍总监的康立晨，边说边笑，一脸阳光。

学会了中文，我的生活五彩缤纷

别看康立晨的年龄只有三十出头，却和中国有着十多年的交情。

1995 年，康立晨大学毕业后，有了第一次来中国的机会。

“那时，我经常跟老板到中国各地出差。一天，老板说：‘你一定要有一个中国名字。’我开始拿了一本和中国人联系的电话号码本，随便指了上面的一个名字说，我就叫这个中国名字吧。老板看了说：‘那不适合你。’于是我就说：‘老板，你为我起一个中国名字吧。’老板说：‘好。’过了一个小时，老板从办公室出来，对我说：‘你就叫康立晨吧。’”

“我请他解释。老板说：‘你来中国几个月了，一直没生过病，看来你的身体不错。康，就是你的姓。立，站立的立，看你在讨论问题、发表意见时，认为对的就坚持，不左也不右，用中国话说，就是立得很正。晨，就是每天早晨，你常常第一个来上班，工作很勤奋。’我听了感觉这个名字的意思很不错，就愉快地答应了。”

有了中国名字的康立晨，在中国各处跑得更开心、更快乐了。

后来，康立晨又到珠海、深圳工作了一段时间，在一个中外合资的IT企业里当项目领导。在那里，他才渐渐感到，仅有个中国名字还不够，还要对中国和中国文化有更多的了解。

“那时我年轻气盛，觉得自己是个了不起的人，有在美国密西西比的一家公司工作的经历和业绩。初来珠海深圳的IT企业，我感到工作并不难。我制订了一个计划，准备从上到下贯彻执行。结果，我失败了。那时我想，是中国员工太笨，不会做，我就告诉老板，把他们炒掉了，换了一批新人，结果，还是不行。这时我才想到，大概是我出了问题。”

康立晨很快意识到，自己将作出两个选择：“一个是我离开中国，另投他乡择业；再一个就是更快一点，更多一点去适应和了解中国。”

康立晨毫不犹豫地选择了后者。他马上找人请来一位中国老师，每天下班后学习中文。“我的中国员工第一次看见中文老师走进我的办公

室，对我的态度马上发生了变化。第二天早上，我第一次用中文对员工们说‘你好’，他们显出很兴奋的样子。看到了我真正愿意了解中国，并有了行动，他们对我的态度也大不一样了。”

从此，康立晨勤奋不懈地学习中文。他经常说：“在中国，如果我只会讲英文，我的工作和生活就只有黑白两色。而我学会了中文，我的中国生活就会五彩缤纷。”

真正的沟通，从“心”开始

至于为什么会选择来深圳翡翠航空公司工作，康立晨回答说：“这对我来说，是一个非常好的工作机会。”

此前他和中国太太在德国工作生活了四五年。他在德国汉莎航空公司时，曾是一个部门的领导，负责联系物流行业的客户。

“当我听说‘德国汉莎’和‘深圳航空公司’在深圳联合开办了新的航空运输企业，并有去中国工作的机会时，我很感兴趣，但我更感兴趣的是能去中国！因为我非常喜欢中国，喜欢住在中国，说中国话，吃中国菜、学习中国的文化。”

“来到中国后，我高兴得不得了，相反太太却有点不高兴。因为她喜爱并习惯了德国的生活方式，回中国来她反而有点不适应了。

康立晨觉得，他能把自己的兴趣和工作结合起来，是很幸福的事。而且，“翡翠航空”是一家年轻的公司，航空业也是中国年轻的行业。

“你看看，”他指着桌上的一架飞机模型说，“还有我们非常漂亮的飞机！这都是非常令人快乐的事情。”

当问起在“翡翠航空”工作，他的最大乐趣在哪里时，康立晨用手指了指身边的一位中国同事说：“这很简单，我非常喜欢我的中国同事们。他们很能干，很有眼光，对我的帮助不小。比如出差，他们会告诉

在给公司员工培训

我许多中国的事情，给我一些好的建议；同样，对于他们没做过的事，我也给他们相应的建议。把每个人的优点和长处加在一起，事情就会变得更加尽善尽美。这样工作会很顺利，很快乐！”

2005年新组建的“翡翠航空”是中国第一家中外合资货运航空公司，也是一个中西合璧的企业，外籍高管和外籍飞行员占公司人数的60%以上。2007年中秋节，康立晨和同事们一起精心策划组织了一个节日活动，请新到任的外籍总经理在中秋节前夕为全体中外员工分发中国月饼和礼物，再请全体员工在公司布置的签名墙纸上签名，表达心愿。这种中西结合的活动方式受到了中外员工的喜爱，使外籍管理人员了解了中国传统佳节的特色，也使中国员工熟悉了外籍高管。活动促进了沟通，增强了公司的凝聚力以及员工的信心和忠诚度，激发了大家的工作热情。

康立晨很有感慨地说：“一个西方人来到陌生的东方国度，语言不通，文字也看不懂，许多事情不知道或不习惯，这种感觉很不舒服。而不少派到中国公司工作的外国人，往往有很高的位子，要作决策，可是他们不了解中国，不了解中国人的想法，怎么决策呢？因此我希望多做点沟通工作，使外国人尽快了解中国和中国人，也使中国人多走出去，增强彼此的了解和沟通。”

康立晨说，几年前，他曾看到一条广告语说：沟通，从“心”开始。他很赞同这话。他说：“有些外国人来到中国，最后却失败而去。我感觉是他们的态度有点问题。他们也许总认为中国是个很穷的国家，中国人什么都不会。他们自以为是，没有一种沟通的态度，其实他们并不了解中国，甚至连一句中国话都不会说。这样的人，早晚是要失败的。”

能用汉字表达思想，是我的一个目标

康立晨的中国生活快乐而幸福，这其中还有几个重要因素，那就是他有一位美丽贤惠的中国太太，两个可爱的孩子和一个温暖的家。

谈起和中国太太相识相爱的故事，康立晨同样简练而风趣：“我初来中国的公司工作时，做的是实习生。后来我的老板在江苏又开了一家公司，他非常需要一个负责技术的经理，他选的人就是我。公司的业务发展很快，我经常需要招聘新人，于是我就去找公司人事经理，也就是我现在的太太，谈我的想法。那时我们俩经常在一起讨论，后来，她就成了我的太太，现在我们有了两个孩子。”

康立晨的太太是江苏人，因此他常听人说 “江苏出美女”这句话。而现在他对此又有了新见解，说：“不是江苏出美女，而是中国出美女。”

“中国女孩子在我眼里都非常漂亮，这可能是爱屋及乌。我喜欢中国，就觉得中国的女孩子都很美。”康立晨的言辞很坦诚。

康立晨的两个“宝贝儿”也最让他开心。“我的孩子们会说中文，也会讲德语，这让我感到很骄傲。我没让他们去国际学校，因为那里更偏重英语。我让他们上中国的学校，因为那里可以学习地道的中文。我觉得英语简单，不如中文有深度。我希望我的孩子能了解中国，了解中国人的态度，做事情的方法等，当然更要了解中国的文化。”

康立晨办公室的墙上挂着不少中国的艺术品

之所以对孩子有这样的要求，源于康立晨自己对中国文化有着浓厚的兴趣和广泛的涉猎。在他十四五岁的时候，父母见康立晨对东方的中国很有兴趣，就送给了他一本中国画册，那上面古老的房屋、寺庙，人们淳朴的表情，都深深印在了康立晨的脑海中，让他对这个东方大国及其古老的文化充满了梦一般的幻想。

他说自己看了不少有关中国的儒家哲学和《孙子兵法》等书籍，觉得中国文化非常了不起。有人说，哲学源自东方，科技来自西方。康立晨对此深信不疑。

汉语说得非常流利的康立晨，现在还在继续进修中文。他给自己制订的计划是：一年之内能阅读中文报纸，不远的将来，能够用电脑输入中文，用汉字表达思想。

我很佩服，中国人真了不起

康立晨说，他很喜欢中国人。“中国人灵活，能与人沟通。他们了解人，会待人，这大概也是他们能够成功的一个秘诀。”

康立晨最敬佩的中国人中，有毛泽东和邓小平。他说：“深圳人经常谈起邓小平，他那么小的个子，可却有那么大的能量。他曾经三次被打倒，还一度发配到江西工厂里去做钳工，但他依然不倒，为中国做了那么多事情，是他改变了中国。再看深圳，那么短的时间，从一个小渔村发展到大都市，如此惊人的发展，怎能不让世界震惊！”

在深圳街头，康立晨经常喜欢看来往忙碌的人们。“他们生活并不一定富裕，但神态那么安然自如。有的人骑着一辆三轮车，后面装着垃圾，太阳刚出来，照在他的脸上，我看到他的眼睛非常亮，非常有神。虽然干着很辛苦的工作，但表现出来的却是快乐、高兴的神情！我觉得这很了不起。”

康立晨还说，在中国，到处有一种朝气勃勃、奋发向上的气氛。人们有了一个好想法，可以马上去实现。大家很有热情，愿意去做，而且高兴、快乐，很少抱怨！而在一些西方国家，尽管政府给了很好的福利，可许多人还是抱怨、抱怨，没有积极性，不愿意多工作。

“还有一点，中国人不仅非常能干，而且很谦虚。他们并不夸耀自己，不像某些人过于浮夸，实际一接触，满不是那么回事，让人感到很不舒服。中国人很能吃苦，很有耐力，第一次不成功，第二次不成功，他们还会坚持干下去，就像一滴水，嘀嗒，嘀嗒，一直滴下去。不是有句中国话，叫‘水滴石穿’嘛。”对于中国人的这种精神，康立晨由衷敬佩。

康立晨经常说中国人喜欢的一句话，“先做人，后做事”。他确实从中国人身上，得到了不少做人的启示。

文 / 刘东平

图 / 刘东平　李毅峰

小档案

姓名：Howard Snyder

中文名：石英山

国籍：美国

职业：可口可乐（中国）饮料有限公司奥运项目主管，纪录片作者

在中国生活时间：9 年

贫嘴石英山的北京生活

这是一个爱说相声，爱耍贫嘴的老外。他留学中国后就与中国结下了不解之缘。多次来旅游，又四度长住。他一口京片子，以正宗“北京人”自居，时不时还对别人来点“地域歧视”。12 年前和一群孩子成了好朋友，今年特地在北京“寻亲”。他是可口可乐公司的奥运项目负责人，还要跑到大街上做一天奥运志愿者。他出镜后，在电视观众推选的“奥运发烧友”活动中票数领先，大有成为头号外籍“奥运发烧友”的趋势。他就是来自美国的石英山。

少年宫教曲艺的马老师给我们北京电视台《7日》栏目组打电话，说有一个老外要在北京“寻亲”，想借助电视媒体的作用，找12年前和他一起学相声的小朋友。我们想这是好事啊，帮他找的过程我们也能弄出个节目，提高收视率。这年头，不是讲究“双赢”吗？这就是双赢。就这样，我认识了美国佬石英山。

石英山本名Howard Snyder，可口可乐（中国）饮料有限公司的奥运项目部主管。参与赞助韩日世界杯、上海特奥会、世博会、北京奥运会和残奥会的工作，负责安全保卫、危机处理和运营管理等项目。以前他还做过金融方面的工作，为世界500强中不少公司进军中国做过咨询顾问。现在他还是个纪录片编导，对儿童电视节目也跃跃欲试。业余爱好说相声，北京话说得倍儿溜，常常以“贫”为乐、以“贫”为荣。

还别说，跟这个“贫嘴”的家伙打交道，真做出了两个反响不错的节目。

在北京‘寻亲’

石英山身材壮硕，有两个170：身高170（厘米），体重170（市斤）。他自嘲：“经常宴请别人和被别人宴请，中国菜又太香，就……”

每次经过天安门时，石英山都会有种回家的感觉

问到他中文名字的来历，他说："我的姓氏 Snyder，音一转就成了中文的'石'。我也崇拜英雄，就用了'英'，'山'只是笔画少，好写。倒没想到蕴藏石英矿的山也称'石英山'，巧了，哈哈。"

石英山 1962 年 5 月 31 日出生在美国纽约州的罗切斯特市，"我今年 46 岁，属虎的。"他特地报上他的中国生肖。"我是犹太人，父亲是律师，家境属于美国中上水平。"他在纽约州长大，受过良好的教育。但祖上与中国没有什么干系，怎么会跑到中国来"寻亲"呢？说来话长……

他是个语言天才，从小对学习各种语言有浓厚的兴趣。"我正式学过的，第一个是西班牙语，第二个是汉语，第三个是日语，第四个是越南语，第五个是葡萄牙语，也能说一些泰语，尼泊尔语。我是犹太人，也能说希伯来语，蒙古语也会一点吧。算不上会说，但能沟通吧。"天哪，加上母语，他会 10 种语言。那么除了母语，最擅长哪种语言呢？"中文、日语说得好，别的还凑合吧。"中文、日文中的汉字不弄混吗？"还行，阅读和起草合同文件不成问题，特别熟悉经济金融类的词汇。看小说比较费劲，不能体会文学作品的一些微妙之处。"

学这么多语言有用吗？“对我个人有用啊，多一种语言就多一个国家的朋友嘛，我学汉语就能够有13亿新的朋友嘛。我特别喜欢旅游，我最不喜欢的就是到了一个我不会讲那儿的语言的国家，觉得特别尴尬，特别无能。你会讲那个国家的语言，哪怕只讲几个词，人家对你的态度就完全不一样了。”他对自己的中文水平颇为自得，“咱们中国有四声，妈嘛马骂，声调是一个特殊的地方，比较难掌握。第二就是汉字是特别神秘的东西，特别有文化，学汉字我也特别自豪，我能看得懂中国字，我也觉得特别好。我的中文水平也让中国人觉得特惊讶。”

说起当初学中文的动机，他说：“我比较喜欢冒险探险，1980年开始学中文时，我觉得中国是一个很神秘的地方。我觉得欧洲是过去，亚洲是未来。中国基本上就占了全球人口的四分之一，所以觉得学汉语可能会有用。”他在美国先学了一年中文，有了一定的会话能力，认识不到1000个汉字，就到北京师范大学留学来了。在北京师范大学学了两学期的课，严格地说是10个月，不到一年。“1981年到1982年，那个时候6个月在北京师范大学，4个月我就到处闯，我坐火车去新疆、敦煌、哈尔滨、桂林、大理、昆明，还有泰山、黄山、西安、苏州、上海、承德、大同等地方都去过。”

那时候中国刚开放，一位高鼻深目的外国人在大街上行走，往往会遭到很多人直眉瞪眼地围观，或者会有一群小孩尾随其后看“西洋景”。石英山当然也免不了这种被当做“外星人”的尴尬。不过对他来说，他也差不多有到了外星球的感觉。“我一个人闯，就必须说汉语，形势逼着我学。坐火车到处跑，在车上跟人聊天，等于身边有很多中文老师。”在流动的语言环境中，石英山的汉语颇有长进。

他来中国前，中文老师给他介绍了自己的一位北京亲戚，建议他去找那位亲戚练习汉语。老师的亲戚是当时的返城知青，经历坎坷、阅历丰富，标准北京口音，住在新街口那边一个大杂院。石英山就经常登门求教，大杂院里有不少返城知青还没有工作，没事干就聊大天。这样，石英山免费的口语老师就多了。和好客的街坊一起嗑瓜子、喝茶、聊天，绝对是学习语言的好方法。在大杂院里，石英山的汉语突飞猛进，又了解了中国普通老百姓的生活，而且捎带着学会了嗑瓜子。“美国吃的瓜子是加工好的，用不着嗑，不过也少了边嗑边聊天的乐趣。”

这一年的留学生活虽然不长，却让他印象深刻，印象最深的是“中国人好客、热情、勤奋、聪明。”从此他对北京这座城市念念不忘。“我从 1982 年，你们的成语叫什么？藕……连丝？（我提示：藕断丝连。）对，藕断丝连，没有断过，在我的心里都没有断过，从 1981 年、1982 年一直到现在，中国已经变成了我生活中的一部分。”他还真是“藕断丝连”，一直没和中国断过，时不时到中国来玩一个月或一个星期。最长的一次，从 1989 年下半年一直住到 1990 年。

石英山的工作重心一直在东方，在日本总共生活了 10 年，当然也熟练地掌握了日语。韩日世界杯期间，可口可乐公司就是赞助商，他当时是项目负责人。“我在中国和日本都生活了很长时间，我在日本的时候，大山 1989 年在这边出名了。我不认识大山之前，我看了很多老外在日本的电视台露面，他们也就瞎说说一些事儿，人家听了就哈哈笑，他们就靠那个生活。我想，我也是一个很有趣的人，我也可以做这个。我觉得作为一个外国人在亚洲当一个明星，也不错嘛。”

1995 年到 1997 年年底，石英山有机会在北京工作，他发现外国人在中国的电视里出现的还不太多，有数的这些外国人都是从相声开始被中国观众所熟知的。于是他就去北京大学汉语系找对相声很有研究的汪景寿老师（今已故），他正是大山的老师。“他把我介绍给少年宫的马老师，介绍给教出许多外国徒弟的丁广泉。后来马老师在一对一的教学中告诉我，她在少年宫教一个少儿相声班。我觉得跟小孩子学外语是最好的，因为他们天真，说的都是实话，所以我就开始去少年宫跟孩子一起上课。”

孩子们惊喜地看见一位“洋叔叔”进入了他们的教室，居然成了他们的“同学”，而且这位大同学还童心未泯，真能和他们学到一块、玩到一块。马老师对他和小朋友一视同仁，该批评就批评，该纠正就纠正，并不把他当成年人。小朋友们倒是挺喜欢这位大同学。因为这位大同学“特好玩”、特能耍宝，甚至可以和他们疯玩到满地打滚。一起练习相声表演时，一个洋面孔的成年人和一个顶多到他腋下的小孩站在一起，本身就有喜剧效果，两人再对“贫”起来，实在让人忍俊不禁。这段时间他也在北京电影学院进修过，有意识地把他和小朋友们一起玩闹、一起说相声的场景都拍摄下来了，还曾在北京电视台播放过。

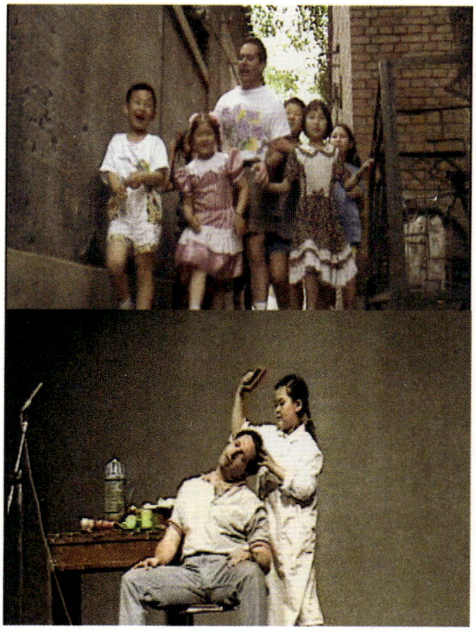

10 年前一幕幕情景再现：快乐地奔跑、上台演戏……

石英山在北京少年宫学习了一年半，每个星期六、星期天按时上课。他的 34 岁生日是随少年宫演出队在某学校一次儿童节庆典上过的，那个学校的小朋友给他系上了红领巾，演出队的小同学献上热情的祝福，大家一起分享生日蛋糕，让石英山永远保留了一段美好的记忆。我请他评价一下这些孩子。他说：“第一都是咱们北京的，第二都是特会贫嘴的。说相声都会贫嘴，特别风趣，特别天真，跟我倍儿熟，特别能接受我，都是我的好小同学，都可以代表咱们北京的胡同文化。”

2003 年，石英山又回到北京工作，干了两年金融方面的工作，主要处理坏账、呆账。"我是第一个（外国人）在中国的'黄世仁'。"黄世仁是歌剧《白毛女》里逼债逼出人命的恶霸地主，中国人有时开玩笑地把追讨债务的人称为"黄世仁"。这样的典故石英山也知道，真让我对他有点另眼看待。

这次回北京，石英山感触良多。"中国变化大了。外面的高楼大厦啊，经济变化就不用说了，人的心态也有一些变化。现在人很忙，有的也活得比较累。现在在中国，不像以前那么好交朋友了，人情味没有以前那么浓了。这是必然的，不只是中国。随着国家的发展，经济的步调越来越快，人与人之间的关系越来越薄，这是免不了的。所以我有点怀念那过去的日子。中国人是世界上最好客的人嘛，但是现在中国人忙，这是个矛盾。原来 80 年代、90 年代，我老去中国人的家里做客，现在基本去不成了。大家都太忙，老在外面吃饭。我觉得不去一个中国人的家里，你没法了解他。"

他怀念过去的日子，当然也就怀念起那些可爱的"好小同学"。这就是一个美国人要在北京"寻亲"的来由。

在北京过生日

有马老师在，有当年拍摄的纪录片资料，石英山的"寻亲"应该不是很困难的事。我们在电视里发了个通告，那些小朋友们就自动找我们栏目或与马老师联系。有了联系地址，我们就和石英山、马老师约定和他们见面的时间。

石英山和当年的小朋友重逢时，总是双方又惊又喜的场面。"石叔叔"惊讶的是，这是原来那个小不点吗？怎么比我还高了？模样也变了。"好小同学"们也惊讶：印象中石叔叔又高又壮，现在怎么那么"矬"了？是啊是啊，那时候大家都得仰视"石叔叔"，现在嘛，女孩子几乎都可以平视，男孩子差不多可以俯视“石叔叔”啦！

12 年前石英山曾和孩子们一起过生日，有趣的是他的生日是 5 月 31 日，第二天就是国际儿童节，所以 12 年前孩子们祝贺石叔叔的生日，等于也在庆祝自己的节日。这一次是一群大小伙子和大姑娘簇拥着石叔叔，笑啊闹啊分蛋糕啊，大家又回到了童年时光。

孩子们变化很大，做什么的都有，其中也有搞艺术的，但专门说相声的不多，为此马老师很是失落。当年的小淘气、小贫嘴们已长大成人，选择各自不同的生活道路也很正常。但小时候学相声开发了他们的幽默感，培养了他们乐观开朗的生活态度，即使不去专门说相声，也可以积极地为社会作贡献，也可以弘扬中国文化。仅此而论，马老师已经功劳不小了。

马老师已经退休，但还坚持到少年宫辅导一拨一拨的孩子。少年宫给的酬金很少，她不在乎。“这是我的精神支柱，虽然给我带来不了什么收益，但这工作我干起来特别充实。我经常说这么一句话，一万个人

10 年前的石叔叔又回来了

当中也不见得有一个人能干自己心爱的工作。我有幸就干的是我心爱的工作，就足够了。”她就是喜欢传统艺术，也喜欢孩子，她希望传统艺术的种子能播撒在孩子们的心中，代代相传。

对于马老师近乎殉道的精神，石英山十分钦佩。一见面，他就要给马老师一个热情的拥抱，但是马老师把他推开了，“哎哟哟，你别跟我来这个，我不习惯这个。”旁观的我们都乐了。马老师和我们的父母是一代人，那一代人都是典型的“暖水瓶”性格，外冷内热，心里对人好也不好意思表达出来。他们不像石英山的“好小同学”们那样自然地表达情感。不过我们还是把这个场景拍了下来，因为这也是个有趣的画面。果然我们的节目在电视里播出时，我的父母看到这儿会心一笑；石英山的纪录片放映时，观众看到这里也是哄堂大笑。

我们全程拍摄了他的“寻亲”过程，按照“资源共享”的原则，我们做节目，他扩充12年前拍摄的纪录片。说起拍纪录片的初衷，他说：“因为我12年前在电影学院进修，而且也在电视台工作过，所以我对媒体影视很感兴趣。那个日本的电视台当时也和北京电视台合作过。12年以前，我和他们学相声，其中一个原因就是觉得外国人对中国理解太少，所以我觉得把我自己的经验介绍给外国人，让他们通过我的眼光来了解中国，这是一个很好的办法。”

为什么要在今年做这件事呢？

“我觉得正好过了一轮嘛，今年也是鼠年，按照我的理解，鼠是一个段落的开始，是生肖属相的第一个。中国有句成语叫‘万象……更新’，从鼠年到鼠年会有很大的变化。所以觉得再来拍这些孩子，通过他们的变化也就把中国的变化介绍给外国人，我觉得是很难得的。我从最初来中国到现在（不排除回美国的时间和在日本的10年），差不多快30年了，自己觉得有义务向外国介绍中国。因为外国对中国的了解太少。另外，今年北京举办奥运会，全世界会关注北京，关注中国，必须趁这机会，把我知道的中国拍下来给外国人看。”

怎么想到找这些孩子的呢？

“因为我觉得这个故事太好了。在外国看中国的新闻或者新闻片都是比较沉重，或者负面的东西比较多。我觉得外国人没有看到中国的真实面貌，而通过我的经验，把我所知道的中国，通过这些孩子，介绍给外国人看，能够让他们了解真实的中国。”应该说，石英山找到了一个很好的角度。12 年是一个小孩变化最大的阶段，而 12 年中，中国也在发生着翻天覆地的变化。以小见大，用一滴水折射太阳的光辉，实在是一个好创意。

石英山见到每一个孩子，都会感到惊讶，又觉得似乎不必惊讶。“从七八岁的孩子到成年人都会有思想，都会有野心。现在他们有的要出国，有的要拍电影，有的要当老师，但没有什么让我惊讶的，孩子的成长就应该这样。这帮孩子 12 年前是好孩子，都好好学习，很有文化，我最高兴的是看到他们不是盲目地跟着潮流，都在独立设计自己的人生。他们都对北京、对文化感兴趣，对自己的未来充满信心。”

用了 4 个月，石英山把他的纪录片做好了，片名为《我在北京过生日》。一个属虎的人，却纪录了自己在两个鼠年过生日的故事，当然不会像流行歌曲唱的：“老虎，老鼠，傻傻分不清楚……”他很“狡猾”地用自己的生日介绍了一群孩子的昨天和今天，也就反映了改革开放的中国最近这 12 年的变化。

6 月下旬，他在北京朝阳公园附近的塞万提斯学院放映了自己的纪录片。自己剪辑、自己配英文解说、自己配英文字幕，镜头语言很流畅，电影结构很讲究，片子很好看、很专业，让我这个电视工作者很佩服。片子中有天安门、长安街、城市面貌在 12 年前与 12 年后的对比、当年的小孩和现在长成的青年，当然也有 12 年前相对“清俊苗条”、现在日渐“丰满”的石英山。这一切吸引了 200 多位在京外国人为主的观众，也吸引着应邀前来的电影里的主人公们。放映过程中笑声不断，结束时大家热烈鼓掌，朋友们一片喝彩，这让石英山十分振奋。

他说："拍一部片子，就像女人生孩子。我不是女士，没生过孩子，但我是一个作家，拍这部片子就像生自己的小娃娃，你肯定想让你的朋友看你的小娃娃。生的过程很难、很疼、很辛苦，但是结果要是好的话，会让大家都高兴。"

灯光亮起来，石英山把电影里的小朋友们和授业恩师马老师一一介绍给观众，又是一片掌声。

大家的掌声让石英山很有成就感。"大家承认我的作品，让我很高兴。任何作者都希望观众喜欢他的作品。他们感动了，证明我对北京的感情是真的，不是假的东西。因为观众很聪明，他们会分辨真假，现在信息来源又那么多。今天请来的都是在北京待过的外国人，很多都待过10年、20年。所以今天他们能承认我的作品，让我特别高兴。"

只有一个人泪流满面，那就是百感交集的马老师。她一把抱住石英山，久久不肯放手。从拒绝拥抱到主动"熊抱"，让摄像机后面的我多少有点吃惊，敢情"暖水瓶"里的热水沸腾了也会溢出来。

石英山这样解读马老师的眼泪："马老师为什么哭呀？我觉得这就是中国和美国不一样的地方。美国人可以在很多人面前表达自己的感情，中国人比较内敛，不习惯在大家面前把自己的感情露出来。今天她看到自己从事儿童相声教学那么多年的个人经历都在这儿表现出来，感触很多，（哭）对她来说是一种发泄。今天她看到她的功劳被大家欣赏，她得到了一种精神宣泄的快感。"

马老师哽咽着对我说："我心里头挺感动的，作为一个美国人，这么爱我们中国的孩子，这么爱我们中国的传统艺术，我真是感动。尤其是在现在这个社会，这么丰富多彩，外国人还对咱们中国艺术这么执著，对中国孩子这么有感情，真令很感动。石英山不是我唯一的外国学生，还有好几个，但是对孩子这么有感情，12 年后对这个事情还念念不忘，他是做得最好的。感谢你们《7 日》，帮助他圆梦，也帮助我们这些孩子圆梦，我们这些孩子也很难凑在一起。北京变化这么大，工作变化这么大，很难聚在一起。”

电影里的主人公们感触良多，我们特别重视一个叫刘恒军的小伙子的意见。一是因为他出镜率高，二是他现在也在搞艺术工作。

“看到你小时候有什么感觉？”

“百感交集。”

原来不光是马老师百感交集。

“说那时无忧无虑吧也不是，但确实比现在单纯很多，到底是单纯还是愚蠢也说不好。现在我会得到一些东西，但我在想我所得到的和我失去的是不是等价？所以就像打翻五味瓶一样。”

看来石英山的片子引发了这个青年的思考。

我请他评价一下石英山，他说：“他就是白求恩一样的人，是一个国际友人。他这个片子，我个人感觉和一个大师（可能指安东尼奥尼）的纪录片有很多异曲同工的地方，因为他关注的是中国人，就是一个活生生的人的生活而不是关注那些符号、政治，这个点很好。”

“你也在当导演，请评价一下这部片子？”

“一部很真诚的电影。”

石英山计划将这部电影送到外国的电影节上，也要争取在国外的电视台播放，扩大影响，让外面的世界了解真实的中国。当然，这要等奥运会、残奥会之后，因为他很快就要忙他的奥运项目了，顾不了别的事。

奥运发烧友

离奥运会没几天了，大概是想“热热身”，石英山打电话来希望我给他一天当志愿者的机会。我说好啊，我们正在拍北京的“奥运发烧友”，你就来吧。他马上回 答：“我就是‘奥运发烧友’啊！”

我们把他拉到卖特色小吃闻名的簋街，让他当为行人指路的志愿者。他就兴致勃勃地穿上一件志愿者的 T 恤，“进入角色”了。

这里的志愿者们给他来了一个“上岗培训”，考问他簋街的来历。他就不慌不忙地“侃”起来了：“这个‘簋’不是那个鬼，它是一种容器，祭祀用的，原来是装肉的，给神吃的。这个鬼呢，因为说原来这里有很多棺材铺，所以管这里叫鬼街，为了吉利，才改为‘簋街’。”有一个志愿者告诉他还有一种说法：“大概是清朝的时候，这边有一个夜市，都是晚上 12 点以后才开市，又有很多棺材铺，夜市的时候，很多人都用煤油灯去点亮，所以远远望去，就感觉有很多鬼火一样，后来，大家就把这个市叫‘鬼市’。”

他立即追问：“你老家哪儿的？”“河北。”他像抓住什么把柄似的，“你看他老家是河北的，我是北京的，谁对啊，大家自己判断。”志愿者们全乐了。“我 1981 年来北京，谁 1981 年以前出生的？举手。你看，我在北京的历史比他们还长，我有资格先考验他们吧。你们不要叫我叔叔，叫我大哥吧，哈哈。”好嘛！看这一副得意劲儿，简直就是倚老卖老！

他上岗之后还是很尽职的，不但给人指路，还介绍簋街有什么特色小吃。有人要从这里去机场，他还要关心人家有多少“预算”（真是搞过金融工作的人）？然后告诉人省钱去机场乘什么车。行人大概是看见外国志愿者新鲜，都来找他问路，当然不排除有人要考考这个老外的北

做志愿者，为路人指路，也算是为奥运作贡献了

京知识。这样一来，别的志愿者倒成了旁观者。

下午，我们又把他拉到后海的荷花市场。他说 12 年前他曾在这一带住过，一副如鱼得水的样子。这里的游人显然是外国人多于中国人，他的语言优势得以充分发挥。不过也有出错的时候，一位外国游客想下水游泳，问什么地方出租游泳衣。石英山说，“穿个裤衩就行了。”一旁的志愿者赶忙拦住，“这里是禁止游泳的。”看来，12 年前的老皇历翻不得了。

一位来自广东的小游客，看见石英山是老外，便来了一句“Welcome to Beijing”。石英山立即用广东话说道：“不不不，这话应该我说，我是北京人，北京欢迎你。”颇有“反客为主”，以东道主自居的意思。

指了一阵子路还嫌不过瘾，他又瞄上了人力三轮车，跟一位车夫套上了瓷，非要让人家当游客坐在车上，他拉车兼导游，显示一下他对这一带的熟悉程度。于是一个外国志愿者拉着一个中国劳动者满胡同乱窜，嘴里还不断介绍沿途的名胜典故。一圈下来，我们请那位师傅给石英山打分，师傅给了 80 分。石英山对没得 100 分有点不服，“我是北京人，你是河南人，你的语音没有我正。”又来了，他还真不把自己当外人，坚定地

这次石英山也想当一回车夫、导游，找找感觉

认为自己是北京人，而且时不时对别人来点“地域歧视”。

天气太热，蹬三轮又是力气活，石英山大汗淋漓。我调侃说他正好能减一次肥，他说：“中国吃喝太多，以后要节制。等到奥运会之后，我要减 10 公斤，杨导如果说不够，我就减 15 公斤吧。”我当然表示鼓励。“那等我减肥之后，咱们再拍一个节目好吧？”

“好，一言为定。”

8 月 8 日之后，石英山真忙上了，电话很难联系，联系上了信号也差，大概是在各场馆奔忙。鸟巢、水立方里信号肯定不会太好，加上观众震耳欲聋的助威声、欢呼声，什么话也说不成。算了，等奥运会、残奥会结束再问问他的奥运见闻吧。

他目前的身份已不仅仅是奥运发烧友了，现在是奥运赞助商可口可乐的奥运项目负责人，有机会参与一次人类伟大的体育盛会，属于重任在肩、令人羡慕的幸福人物。

“我是北京人”

我问过石英山：“你更爱美国还是更爱中国？”他说：“我可以这么说，我心里不会忘记我是美国人，我还是犹太人，那是我出生的地方，我当然爱美国。同时，我又是‘北京人’，1981 年我到中国，从那时起，中国的生活也是我的一部分。我的发展就随着中国的改革开放在发展。中国奥运会之后也会发展，我在中国还会发展。这种爱，我觉得语言表达不出来。对我来说，无论祖国还是中国，都是我生活的一部分，不管我高兴还是烦恼，喜欢还是不喜欢，都是我的生活。到我死，中国都是我生活的一部分。是的，我对美国，对中国都爱，只是方式不同。”

因为他一直不把自己当外人，反而对一些小青年崇洋媚外的举动看不惯了。比如有个女孩取了个洋名 Jodie，石英山叫她本名，她不高兴，

“叫我 Jodie。”石英山也不高兴了，你的中国姓氏不好听吗？我笑他，你有中国名字，为什么不许人家有外国名字，这不是“双重标准”吗？他说：“那不一样，如果你在美国，为了工作、生活方便，为了拉近距离，让别人容易记住你，取个洋名很正常。你在中国人群里，非要叫什么 Jodie，让人觉得你不是中国人，有意思吗？我不理解。”

我不是娱乐记者，但有时也想八卦一下，追问他的婚姻状况。他说至今独身未娶，在日本谈过一次恋爱，“差点当上日本人的女婿。”但最终“结婚未遂”。在中国最近刚结束一段感情，“也没娶成中国媳妇儿！”我问他对未来配偶的要求，他说：“我注定要在东方生活和工作，所以我不想找没有东方文化背景的西方人，肯定要在这边找。至于标准嘛，聪明、独立、喜欢体育，乐观开朗，最好丰满些……”看来，他不喜欢“骨感美人”。中国的女孩们，减肥别太过哟！

我问过他今后的打算，他说，先把自己的电影拿出去，参加国外的电影节，发行到国外的电视台，还要争取到美国的各大学去播放、演讲，告诉人们一个真实的中国。其次，他还想在中国从事儿童电视工作，强调娱乐性的教育。他还想搞一个国际学校，让孩子们快乐地学习，快乐地成长。另外，他在世界 500 强中的一些公司干过，积累了大量的经验和人脉资源，如果为外商进入中国做咨询顾问的工作，可能会取得不小的成就。他喜欢自由的生活方式，也喜欢自由的工作方式。

祝这位“北京人”心想事成吧。

文 / 杨微斯

小档案

姓名：Eunice Moe Brock

中文名：牧琳爱

国籍：美国

职业：慈善大使

在中国生活时间：22 年

追寻儿时的梦

她是一个地地道道的美国人。82 岁时她卖掉了山林、别墅、汽车等所有在美国的个人财产，告别家人，远渡重洋只身来到中国山东的一个小村庄，决定在这里生活下去。

她的最大愿望就是获得一张中国的“绿卡”，永久地住在中国。在遗嘱里她写到：“我死后，我的遗体用来做科学研究，运费由我来付。”对于自己的行为，她如此说道：“每一个人心中都有自己对人生的感受，是无法为别人所完全理解的。”她就是牧琳爱。

“按照中国风俗，我要过 90 岁生日了，能在今天见到中国新生婴儿，我很高兴。”2007 年 7 月 10 日上午，定居山东阳谷县刘庙村的美籍九旬老人牧琳爱女士，身穿隔离衣，特意来到她担任名誉院长的山东聊城国际和平医院妇产科查房，以迎接新生命诞生的方式，庆祝自己的 90 岁生日。

在山东省聊城市阳谷县刘庙村，几乎每个老人都收到过牧琳爱的祝福，每个小孩都在她的家里玩过玩具。在这个村子里，如果你打听村里有没有个外国人，人们可能想不起来怎么回答你，但是如果你提起“牧琳爱”，他们就一定会亲自把你领到她的家里，而且告诉你，在这里，这个老人就像自家的长辈一样。如果在大街上遇见了村民，牧琳爱总会操着汉语打招呼：“你吃饭了吗？”

长大后再来中国

牧琳爱已经在刘庙村生活了 9 年。

牧琳爱的中国情结要追溯到上个世纪初，1902 年，牧琳爱的父母以传教士的身份来到中国，先后在中国生育了 5 个孩子，牧琳爱排行老四。

牧琳爱在山东聊城一带生活到13岁，后随父母回到美国。在她的记忆里，当时的中国到处是战乱、贫穷、瘟疫和苦难。牧琳爱亲眼目睹过衣不遮体的乞丐、在集市上被卖掉的孩子，很多人冻死在路边。她多次问妈妈："我能为他们做些什么？"妈妈总是告诉她："你太小，等你长大了再来中国，再帮他们做些事情吧。"

长大后再来中国，成为了牧琳爱最大的心愿。

在中国，牧琳爱有个童年的伙伴叫周仁杰，牧琳爱回美国后就与他中断了联系。不过，与周仁杰的合影，牧琳爱一直保留着。

1992年，牧琳爱给山东聊城市政府写信，在信中详细陈述了她童年的中国经历和到中国定居的愿望，并请求帮助查询她童年的中国小伙伴周仁杰。聊城市政府高度重视，几经周折，终于找到周仁杰的子女。周仁杰在山东齐鲁石化医院工作的大儿子周保罗立即给牧琳爱回了信："看到来信，悲喜交加。高兴的是，父亲的童年好友还健在，失掉联系几十年还惦记着老朋友及他的一家人；难过的是父亲已于1964年患脑溢血离开了我们，去世时年仅49岁……小时候听奶奶和父亲说，他们常得到你家的接济。他们常说，你们一家是世上最好的人，真感到这感情像金子一样珍贵，可惜后来分开了。父亲是个为人忠厚、思想保守的人，他和奶奶相依为命，靠修理钟表的手艺把我们7个孩子拉扯大。他也十分珍惜和你的友谊，为了纪念这份友谊，他为我起了个'保罗'的外国名字……"

牧琳爱为中国小伙伴如此珍重这份跨国友情而感动不已。3个月后，牧琳爱和丈夫一起来到中国旅游。在聊城，牧琳爱和丈夫见到了周保罗及生活在聊城的周仁杰的其他子女，两位老人得到了极其热情的款待。他们一起参观游览聊城市区。故地重游，看到这翻天覆地的变化，牧琳爱感慨万千。她和丈夫在聊城停留了半个月，然后去了桂林、三峡、西藏等地。近两个月的旅游，不仅使牧琳爱感受到了中国的变化，也加深了她对中国的进一步了解，同时更加坚定了日后有机会来中国定居的决心。

1998 年，深爱她的丈夫去世后，牧琳爱体会到了难以言说的孤单。她越来越强烈地思念遥远国度里朴实善良的人们。这种思念终于促使她作出决定：去中国生活定居。于是，身无牵挂的牧琳爱，不顾子女们的反对，卖掉了自己的 40 英亩山林和别墅、花园、汽车等家产，于 1999 年 11 月 15 日，远渡重洋只身来到中国，在幼年生活过的山东省聊城市阳谷县刘庙村安了家，成了刘庙村的一名新村民。

不少人对牧琳爱到中国来的初衷很感兴趣，她说："我生在中国，也长在中国，我是美国人，但我有一颗中国心。"

美国奶奶的中国生活

一个平静的小村子，突然来了一位金发碧眼的外国老太太，村民们都感觉很新奇，但是很快牧琳爱就赢得了刘庙村及十里八村乡亲们的尊敬和爱戴。

大家只要来到刘庙村，都愿意到这位和蔼可亲的美国老太太家串门。每逢节假日，村民们都会自发地以不同方式来看望和问候这位老人。

她的家很普通，典型的中国北方农村的民居。村民们说，当初牧琳爱向政府申请来聊城定居时，要求去条件最艰苦的村子，考虑到老人年岁已高，生活存在诸多不便，政府便"骗"牧琳爱说，刘庙村就是条件最苦的村子。刘庙村党支部和村民们还把处在村子中间位置、建筑质量好的一座院落腾了出来，为她配置了冰箱、彩电、电话、电脑、沙发、床等电器和家具。看到这些后，牧琳爱当即就对欢迎她的人说："我是来这里扎根的，不是来做客的。如果我的到来给你们增加麻烦，我会感到愧疚和不安的。”

由于在美国生活了近70年，牧琳爱的汉语已忘得差不多了，村里还特意为她聘请了一名女翻译。老人对乡村干部和群众的周到安排万分感激，她坚持用自己的钱付清了购买电器和家具的款项，并坚持自己付电费和翻译的工资等各种费用，不愿给乡村组织增加任何负担。

村里的孩子们听说来了一位美国老奶奶，都好奇地跑过去看。牧琳爱喜欢这些孩子，孩子们也喜欢找她玩，老人家里常常聚满了孩子，客厅的地上摆满了各种各样的玩具。每当有孩子来玩耍时，她就用生硬的中国话一字一顿地说：“我的家就是你们的家，你们什么时候都可以来玩。”为使孩子们在她家玩得开心，她特意请人买来积木、羽毛球、连环画和儿童英语读物等，让孩子们尽情地玩耍。有时候牧琳爱还和孩子们一起打羽毛球、看连环画，用英文积木拼出单词教他们学习英语。

8月11日是牧琳爱的生日，每年的这一天，村里的孩子们都会给她送去生日蛋糕，村里的多位老太太也会纷纷来看望她，拉着她的手唠嗑，为她祝贺生日。牧琳爱乐呵呵地切蛋糕和大家一起分享。而在晚上，在牧琳爱任名誉院长的聊城国际和平医院，大家还要为她举行生日晚会。

每年8月11日，刘庙村的乡亲们都来向她祝贺生日

每年的生日，牧琳爱都要这样过两次。

2008年夏天，成都音乐学院的4名大学生为牧琳爱做了一部纪录片，听说牧琳爱的生日快到

了，学生们特地为她提前过了生日。牧琳爱喊来村里的两位老朋友，3个人紧握着手坐在沙发上，“那一刻，我感到一种特别的爱，感到很温暖。”牧琳爱说。

1999年圣诞节是牧琳爱在中国度过的第一个圣诞节。由于在当地买不到圣诞树，刘庙村党支部便派人特地从上海买回一棵圣诞树，村里的孩子们陪着牧琳爱度过了一个愉快的节日。每逢春节、中秋节，村民都争着把牧琳爱往家里拉，或给她送来水饺、月饼等。

2000年圣诞节前夕，牧琳爱专程到县城买回来100多公斤糖果，特意订做了印有“圣诞快乐”字样的精致的塑料袋，然后分装成800多份。圣诞节这天，牧琳爱早早地把村委会送给她的一头毛驴洗刷一遍，在毛驴头上扎上了红绸布，然后把糖果放在驴背上，牵着它向学校走去。路上，村民们站在路两旁热情地为她鼓掌，随后又相拥着跟她一起向学校走去。

2000年圣诞节前夕，装扮成“圣诞老人”的牧琳爱拉着小毛驴和一车的圣诞礼物向学校走去

牧琳爱去哪儿都骑她那辆三轮车——方便

1998年，牧琳爱刚来到刘庙村时，村民们都感觉很新奇，大家觉得这个老太太待不了多久就会被这里的艰苦条件逼回美国的，因此大家都对她若即若离。但是很快，牧琳爱就赢得了乡亲们的尊敬和爱戴。

为了方便出行，这位老太太在进村的头一年就买了辆三轮车，但凡去花房，或者到邻里间去串门，她都要蹬上这辆爱车。转眼间8年过去了，车身已经锈迹斑斑，车轮一转挡泥板也随着咣当作响，可老人却舍不得去换辆新车。

如今，牧琳爱老人早已习惯了中国式的农家生活，她自己下地种菜，村里废弃的园子，成了她的大花园。去年秋天，这位美国老奶奶还自己拿着电锯、电钻在这里建造花房，还骑着三轮车，拉着木料来回奔波，充满活力，就像个年轻小伙子。牧琳爱的家，青砖绿瓦，充满了生活情调：墙上是老人在80多岁时画的油画，窗子的旁边是她设计的假山。她经常把来访者带到她家的院子里，她再偷偷地走进前面的一个小屋子，一按按钮，就有一道瀑布从假山上喷涌而下。在这个刘庙村里，大家习惯地称牧琳爱为“发明家奶奶”。

牧琳爱经常遗憾地对人说：“很可惜，我回美国后就没有坚持说汉语，现在我的汉语也仅限于说个‘你好’、‘谢谢’之类的。要是我的汉语说得再熟练一些，我就不用再和村民们靠肢体语言沟通了。”

感受中国的巨大变化

8 年来，牧琳爱给远在美国的亲人写了上百封书信，她在信中经常说：“我感受到了中国的巨大变化。”

提起农村的变化，牧琳爱深有感触。

在她儿时的记忆里，农村的路泥泞难走，现在早被宽敞而漂亮的水泥路取代了。她在来中国后写的第一封信里这样描述：“刘庙村有好几条水泥路都拓宽了，有条很宽的主路周围种满了灌木和树。”

2002 年，老人花 3 万美元为村小学建了电脑室，但由于供电不稳定，电脑经常用不了。两个月后，政府投资 400 万元，改造了 5000 米线路，还装了宽带。电脑能用了，牧琳爱也可以用电子邮件代替了邮寄信件。在信中，牧琳爱说：“我很高兴有了可靠的电源，更高兴的是以后不会再因为突然断电或关机而丢失电脑里面的数据了。我想其他的村子也是这样的。中国政府做了很多努力来改善农村的基础设施，帮助穷人。”

邻居张大妈告诉牧琳爱，自己拿到了政府报销的第一笔医药费。于是，牧琳爱便在给美国朋友的信中写道：“村里朋友告诉我，今年 5 月，她们参加了合作医疗，每个人一年只要交 10 元钱，政府就可以给她们支付一半的医药费。这个在医疗领域的巨大飞跃让我非常高兴。”

不仅是看病，“政府也在让最底层的农民的孩子免费读书。”牧琳爱说，这几年她很快乐，因为可以和村里人一起感受中国快速发展带来的各种变化。

村妇委会主任介绍说：“村里每年给 70 岁以上的老人做一套衣服，春节送 5 斤肉、10 斤油，每年一次的健康查体，都有牧琳爱老人的一份。每逢重要场合，老人总要穿上村里给她做的新衣服。”

2005年，牧琳爱回美国探亲，她所在的教会邀请她给大家作报告。在一个多小时的报告中，她动情地讲述了自己在中国所享受的优厚待遇，讲述了中国发生的种种变化，听众被深深地吸引住了。报告结束后，听众竟然拉住她又问了一个小时的问题。

把遗体捐给中国，彻底圆“中国梦”

“我很爱中国人民，我要为他们做些事情。”牧琳爱经常这样说。

在她的办公室里，摆放着“山东慈善大使”、“中华慈善大使”的奖杯。当有人问起她这方面的情况时，她却总是说：“这些事情，已经过去了，就没有必要再去说了。”

来中国之前，牧琳爱一直有一个想法，就是在中国建一所希望小学。

1999年年底，牧琳爱被聘为聊城市阳谷县刘庙村育才小学名誉校长。她通过中国青少年发展基金会捐资25万元人民币为刘庙村育才小学购买了电脑，并为学校老师修建了办公室，为球队购买了球衣等。每年过节，牧琳爱都为全校的教师们提供一些生活补助和新年礼物。为了感谢牧琳爱，刘庙村小学更名为中美友谊小学，并特聘她为名誉校长。

2006年，她还从美国引进了一种可以帮助学生克服学习压力和在考试过程中排除心理紧张的仪器，去帮助村里的孩子们更加科学地学习。她说：“现代人的压力越来越大，这种仪器有利于治疗由于心理压力引起的疾病。”

除在物质上给予资助外，牧琳爱还把促进当地学校与外界的信息交流，看成自己的分内事。镇里中学的英语教师常到牧琳爱家接受“免费培训”，英语水平提高很快。牧琳爱还订阅了国外的教育报刊，针对“让每个孩子都成功”这个问题进行研究。她几乎每天都通过电子邮件了解国外朋友在教育方面的见解，及时把中国乡村教育的变化传递给他们，并把研究所得转达给学校。

牧琳爱为教育事业所作的贡献，当地政府和村民看在眼里，记在心上。2002 年教师节前夕，阳谷县安乐镇政府表彰她为“尊师重教先进个人”。当牧琳爱接过大红证书时满脸含笑，激动地说：“能在中国得奖，这是我想不到的。”

刘庙村党支部书记刘庆安说：“老太太的心很善良，有什么事情找到她，不管认识还是不认识，她总是尽力帮助。村里有一位女聋哑人，会织毛衣。老太太想资助她，怕伤她的自尊心，就买她织的毛衣，一件成本不过几元钱的毛衣给几十元。村里有个不务正业的小伙子，别人都烦他，老太太见他喜欢音乐，就把自己的电子琴送给他，鼓励他学点手艺，找份工作。”

在刘庙村，家家庭院鲜花芬芳，街道两旁栽满了石榴、柿子、梨等果树。石榴挂在枝头，没有人去摘。村民于怀青说：“这都是美国老太太带起来的。她买来果树、花种送给大家种。村里有一亩多荒地，她便自己动手开垦成了小花园，种了十几种花，可好看了。大家有空就去那里转转。”

爱花儿的牧琳爱

几年前，医院为刘庙村村民体检，结果 23 位老人患有白内障需要做手术。2004 年，她个人为 5 位村民支付了白内障手术治疗的费用。牧琳爱说：“其实我本想帮助更多的老人做手术，可是我每月只有 2000 美元的退休金，能力有限。

不过，以后有机会我会让他们重见光明的。”

在 2003 年“非典”期间，牧琳爱通过慈善机构捐资。2005 年印度尼西亚发生大地震，她通过聊城市慈善机构捐助了一部分资金。2006 年 6 月底，牧琳爱被邀请到北京人民大会堂参加了 2006 中国公益事业发展大会，并被授予“中华慈善大使”称号。

2007 年 1 月 11 日，牧琳爱被评为“感动山东 2006 年度十大人物”。在颁奖典礼上，她只收下了奖杯和证书，而奖金她婉言谢绝了。面对金钱她很诧异，“为什么要拿钱，我是来帮助别人的，不是要别人来帮助的。”牧琳爱的翻译王玉青女士说。当得知设立奖金，是因为这些感动人物中有很多需要帮助的人，主办方为了表示对他们的敬意给他们颁发奖金时，这位善良的美国老太太忽然又一次作出了让在场所有人感动的决定：“我不需要这些钱，我想把它捐给那些真正需要帮助的人。”

手捧“感动山东 2006 年度十大人物”奖杯和证书的牧琳爱让更多的中国人认识了这位美国老太太

她的翻译介绍说：“奶奶主要是靠退休金生活，平时在生活上也很简朴。但她热心慈善和公益事业，几年来她共捐了多少钱，没有统计过。”老人说：“我只希望大家在若干年后能够记起有个美国老太太在这里居住过，至于她曾经做过什么，那都不重要了。”

牧琳爱是一名受过高等教育并有着广泛爱好的老人，她想用她的知识为中国人民作点贡献，因此她愿意永远留在中国，继续为中国人民服务。

牧琳爱喜欢写作，每天早晨 4 点多钟就起来写东西。前不久，她给北京奥组委写了一封信，就 2008 年奥运会的闭幕式提出自己的建议。

这封信后来发表在了英文的《中国日报》上。

说起这封信，牧琳爱挥舞着双手，提高了声音："闭幕式上，大家齐敲大钟，世界各地的人们齐唱'同一世界，同一梦想'，用音乐代替鞭炮声，让更多的人受到鼓舞和感染！"

牧琳爱还兴致勃勃地朗诵起她为奥运会写的诗：

超越战争所带来的哭泣，超越种族和部落间的仇恨，
我们升起这个世界的一面旗帜，我们唤醒沉睡中的人们，
用他们爱的力量，去实现我们的梦想，
用爱的力量，为全人类建造一个全新的世界。
我们有这种理想，我们有这种力量，
去建造地球上的天堂。

她说，"尽管我去不了北京，但我也参与奥运了。"

在牧琳爱的护照本上，贴着一张很特别的小卡片——志愿捐献遗体证明，贴在护照本上是提醒自己别忘记了。"或许我的身体太老了，不过我的眼角膜还可以帮助那些需要恢复视力的人，我的身体也可以做成标本，让科学家做研究用。把我的遗体运输到需要的地方去，运费由我来支付，这都已经写在我的遗嘱上了。"

她还用中文表达了自己的心愿："我很希望能拥有一张中国'绿卡'，这样我可以一直住在中国。"牧琳爱说。由于要办签证，她每年都要回一次美国，这让她身心俱疲。"我就是不想回去了，我在中国要做的事情还有许多。我已经决定把遗体捐献给中国的医疗事业，美国再也没有我的任何牵挂。如果我有一张中国绿卡，就可以免去来回奔波之苦，还可以把节省下来的钱用于慈善事业。"

我们衷心地祝愿她的夙愿早日实现。

文 / 王建柱

小档案

姓名： Paul White

译名： 保罗·怀特

国籍： 英国

职业： 翻译，高级编辑

在中国生活时间： 24 年

以笔为生，走过二十四个春秋

不了解他的人，都会被他不苟言笑、沉默寡言的表象所迷惑，殊不知这位老外喝了一肚子中国的墨水，装着不少中国的文化。他在中国一直是以笔为生，一待就是 24 年。他见证了中国社会的万千变化，为此，他惊奇、感叹，从此就再也离不开这片东方沃土。他就是敦厚老实、有着几分老夫子气的保罗·怀特。

保罗·怀特是个英国人，在中国住了整整24年。他不开车，坚持骑自行车上班；他不爱下馆子，每天自个儿下厨房做饭；他一个人住，陪伴他的是满屋的学术书籍和两台电脑——一台用来写稿，一台用来上网。

他的生活看似简简单单，就像一杯白开水一样，其实，以笔为生的人都这样。社会生活的千姿百态，早就从他们的笔尖奔泻而出，像一股股清泉，又像一个个彩色气球，飞到很多你意想不到的地方。

带一支笔来到中国

1984年，时年41岁的保罗·怀特正式踏上了北京的土地，成为新华社的一位外国专家。在此之前，他曾在Hong Kong Standard and Trade Media工作了5年。他还是香港记者协会的成员，曾组织并促成了香港首批记者代表团1982年赴内地的采访交流活动。

也许是因为这层关系，保罗顺利来到新华社，开始了他的审稿生涯。正如保罗自述，他是一名极其认真严谨的文字工作者。刚开始从事改稿工作时，他的中文还没有达到得心应手的地步，修改稿子时经常要向撰稿人求教中文原意，以求忠于文义，精益求精。后来，保罗的中文越来越好，已经可以直接阅读大部头的中文著作了，这使他的审稿工作如虎添翼。

“为了做好我的工作，我必须学好中文，只有这样才能真正搞懂译文要表达的含义，才能把工作做到最好。”保罗这样说。

有趣的是，虽然保罗可以读懂厚厚的中文书，甚至可以借助辞典读懂晦涩的古文，但他的中国话说得却不怎么样。看来，在长期的文牍阅读和伏案工作中，保罗掌握了一门非常厉害的独门秘籍——“哑巴汉语”。

燕去燕归，寒来暑往，不知不觉间，保罗已经在新华社工作了12个春秋，经他修改润色的稿件传遍了五湖四海。中英文功力深厚的保罗顺理成章地来到中国对外出版集团外文出版社担任改稿专家，负责修改润色大量重要的国家级文献资料和外宣书稿。

在外文出版社，保罗一干又是12年。在这个新的轮回里，经保罗

保罗总是不知疲倦地工作着

之手修改的白皮书不计其数，比如《2004年中国人权事业的进展》、《中国的少数民族政策及其实践》、《中国的民主政治建设》、《中国的环境保护》、《中国知识产权保护的新进展》等。保罗修改润色过的英文稿，不仅准确表达了中文意思，而且文字优美流畅，符合外国读者的阅读习惯，为把中国社会的进步和发展介绍到全世界做出了积极贡献。

此外，他还修改润色过大量关于中国古代历史和哲学文化的书籍，比如《中国通史纲要》、《中国教育思想史》、《藏学书目》、《孔子传》、《庄子》、《老子》等。在不知不觉中，中国文化和哲学似乎已经潜移默化地渗透到了保罗的生活，从他简单清雅、与世无争的生活方式可见一斑。

保罗认为，每过手一本书，他对中国社会的认识就加深一分。在浸透着汗水和心血的文字工作中，保罗更深刻地阅读并理解中国社会的方方面面——从政治到经济，从环保到教育，从哲学到历史，从少数民族到中医药学，不知不觉中，他已经成为了一个“中国通”。

“中国通并不意味着你无所不知——我还在学习中。”保罗谦虚地说。

用一支笔描绘中国

保罗很谦虚，但一拉开他的书架的玻璃门，里面全是他掩不住的骄傲。

映入笔者眼帘的第一本书，是新世界出版社上世纪90年代出版的中英文对照版《白蛇传》——“这是你独立翻译的？”

“当然了，这些，还有这些，都是我自己翻译的。”保罗的手指拂过书架上的一排排精美的英文译著——《孔雀东南飞》、《赵氏孤儿》、《娇红记》、《汉宫秋》，还有《窦娥冤》……一个个活色生香的中国传统文化故事，化身为一行行跳跃的罗马字母，散发着强烈的古典气息扑面而来。谁知道，它们可以点缀大洋彼岸多少异国人的梦境？

保罗翻开《白蛇传》里的一页，指点着其中的中英文对照段落：“在翻译的过程中，我首先要完全读懂中文的含义，但我不会逐字逐句地把它变成生硬的英文，而是努力传达原文中表现的意境和美感。这样外国读者才能真正体会到中国文字的魅力。”

从这些英译本可以看出，保罗对中国古代文化有着浓厚的兴趣。保罗自己最喜欢的朝代是汉代——“我认为，从汉代开始，中国真正进入了文明社会的现代雏形。如果说之前的历史还残留着上古时代的原始意味，那么汉代则意味着伟大文明的开端。”

除了中国古代文学故事，保罗对中医药学和中华武术也有着广泛的涉猎和独到的研究。保罗曾参与中医术语英译国际标准化工作，受到了世界卫生组织（WHO）相关机构的高度评价。他还承担了修改润色英译巨著《本草纲目》的艰巨任务，在短短一年的时间里修改润色了200多万字（正常一位改稿专家的工作量约100万字），以确保这本中国传统医学巨著的英文全译本能按计划出版，让世界了解中医药学文化领域的这一瑰宝。此外，他还翻译出版了《合气道》，一种根源于日本大东流合气柔术的近代武术，其精髓是“与气合一”，即与天地之气合一，与大自然相契合。

保罗翻译的部分作品

用一双眼阅读中国

保罗用他的眼睛阅读中国。

1979 年和 1981 年，保罗两次访问中国内地，刚刚敞开国门的中国以一种混沌的新鲜吸引了他的目光。从 1984 年到 2008 年，保罗的双眼见证了中国社会的万千变化，这一切令他惊奇、感叹、然后深浸其中，再也离不开这片东方沃土。

“我刚来中国的时候，这片土地对我而言还是比较陌生的。当时四个现代化建设才刚刚开始，人们普遍都很贫穷。我在北京落脚，发现北京是一座充满沙尘的城市。家家户户的电视机都要套上一个布罩子，以免尘土进入机器内部。每天早上起来，桌子和窗台上都会积一层土。”保罗回忆起 80 年代的北京，还是一副记忆犹新的样子。

身为外来客，保罗对中国变化的感受尤为深刻：“从 90 年代开始变化尤其明显，变、变、变，一切都在变。从中国加入世贸组织，到国足成功入围世界杯，再到杨利伟成功太空航行；从上海成功申办世博会，到北京即将举办奥运会——短短不到十年时间，中国经历了前所未有的巨大变化，每一点一滴都令人感慨不已。”

“最明显的还是生活条件和生存环境的变化。现在，北京的气候环境变得好多了，空气污染不再严重，好久都没闻到沙子的味道了。”保罗告诉记者，他最喜欢的休闲方式就是出门远足。周末只要有时间，他就会约上几个朋友到北京郊外游玩，爬很高的山，走很远的路，北京的周边地区几乎被他们玩了个遍。

在郊游的过程中，保罗也观察到了变化所在——“现在农民的生活更富裕了，乡下也开了很多饭店和旅店，道路交通建设也有很大改善。10 年前，我们的远足只能当天往返，因为在乡下很难找到过夜的地方，出行路况也相当糟糕。当今农村的变化太大了。”

由于工作关系，保罗还去过中国很多地方，从东北到海南，都留下过他工作采风的足迹。无论去哪里，保罗都会认真观察并记录当地的风土民情，为他的写作搜集素材。

保罗以笔为生，他看到什么，就写什么。

从 1988 年起，保罗开始为英国伦敦《晨星报》（Morning Star）撰写专栏文章，他的专栏名叫“中国日记”（China Diary）。在“中国日记”里，保罗让英国读者们分享他在中国的经历和他的中国观，让越来越多的英国人了解到一个他们所不知道的中国。

说到他的专栏，保罗的眼睛开始发亮：“我每个月写四篇专栏，内容涉及国际政治、社会经济、生活趣事、时事人物等。在中国，总会涌现新鲜的事物供你取材，从来没有过无话可写的时候。

“我用一颗平常心，描写我观察到的社会百态。我不像一些对中国一知半解的西方媒体记者，事先就怀着偏见和误解来看中国，他们笔下反映的中国也就不够客观真实。我看到了中国这些年来的深刻变化，可以说其中 90% 的变化都是好的，都是积极向上的。因此，我笔下的中国也充满生机。”

掐指一算，保罗的“中国日记”已经快有 20 年历史了，只要他不离开中国，只要他还在用自己的眼睛看中国，相信他的日记就会继续写下去。

用一颗心热爱中国

24 个春秋，保罗陪中国一起走过。这些年来，保罗每年只是匆匆回家探亲一两次，中国反倒成了他割舍不下的故乡。

2007 年，因为为中国外文出版事业作出的卓越贡献，保罗被授予

“友谊奖”——这是中国政府授予来华工作的外国专家的国家级最高奖项。

说起友谊奖，保罗从抽屉里拿出他珍藏的“友谊奖”奖牌，兴高采烈地挂在脖子上展示，素来稳重的他此刻的神情却像一个举着棒棒糖的小孩子——“你看这块奖牌漂亮不漂亮？这可是我在中国拿到的唯一一块奖牌，当然也是我得到的最好的一个奖！”

保罗告诉记者，他在外文出版社工作这些年来，见证了很多人事变迁。现在，他已经是外文出版社现任外籍专家中服务时间最久的“老人”了。外文出版社有很多来自不同国家，精通不同语言的专家，他们之所以别离故土留在中国长期工作，很大程度上都是因为他们对中国的热爱。

“保罗是一位工作认真负责的专家。有时候，周末来了急件，他就会在家里加班加点。平时他与同事私交不算太密，但遇到工作任务毫不含糊，从不推三阻四。”外文出版社英文部的贺主任这样评价他的同事保罗。

那么，保罗和同事们相处得又怎么样呢？贺主任给笔者讲了一个有趣的段子：就在前不久社里组织的春节联欢会上，正式编排的节目已经演完，正当大家开始海吃畅饮之时，向来沉默寡言的保罗突然掏出一把口琴，表示要给大伙儿即兴表演一曲。一曲《东方红》把在座的同事都逗乐了，保罗再接再厉，又吹奏了一曲中国民歌《南泥湾》和一曲外国名歌《莫斯科郊外的晚上》，现场的气氛立刻达到了顶峰。

“保罗和中国感情很深。他在这里工作和生活了这么长时间，早已成为我们中的一员了。”

相处越久，爱得越深，于是，不说别离。

文 / 龙微微
图 / 赵跃

小档案

姓名：井村雅代

国籍：日本

职业：教练

在中国生活时间：2 年

穿中国队服的日本教练

她曾经两次夺得日本全国花游锦标赛的冠军，22 岁时参加慕尼黑奥运会并在花游表演项目中获奖，28 岁即被任命为日本国家花游队教练，在日本 26 年的执教生涯中共带领弟子获得过 4 银 4 铜，共计 8 块奥运奖牌。她有着“花游教母”“花游之母”、“魔鬼教练”等多个绰号。如今，在中国花样游泳队中，你常常能看到她的身影。她就是现在中国花样游泳队的女教头——井村雅代。

2007 年1月，日本著名花游教练井村雅代与中国国家体育总局游泳中心签约，正式成为了中国花游队主帅，她也是中国奥运军团中唯一的外籍女性主教练。上任仅仅两个月，中国花游队便出征澳大利亚，参加在墨尔本举行的国际泳联游泳世锦赛。井村雅代迎来了初次考验。3月17日开赛首日，井村主帅对中国记者发出了铮铮誓言：“我可以帮助中国队创造花样游泳的新历史，今天就是这历史的第一天。中国姑娘有能力赶超日本和其他世界强队，但她们不知道如何去赶超，我将带领和引导她们。她们是如此的充满魅力。在这次世锦赛上，我会让大家看到中国队的提高，让人们感受到中国姑娘所拥有的巨大能量。我认为中国将成为世界竞技体育比赛的中心，因为有2008北京奥林匹克运动会，还因为有我。”

墨尔本悄然改写着历史

在这次世锦赛中，来自四川的双胞胎姐妹蒋文文和蒋婷婷在双人技术自选动作决赛中以一曲哀婉的《天使的流浪》，跻身四强，迈出了通向成功的第一步；中国队在集体技术自选动作决赛中的表演曲目《荆棘花园》，让姑娘们在强手如林的竞争中名列第四，创造了历史最佳战绩。

以往中国队在奥运会、世锦赛中的最好成绩都是第六名，别小看这一、两个名次的进步，它离不开教练和队员们付出的心血。以打分来评判结果的花样游泳项目与众不同，让裁判员们改变根深蒂固的印象非常不易。中国不是花游强国，没有国际A级裁判参与评分，挤掉美国、加拿大、法国等竞争对手，接近俄罗斯、西班牙、日本等超一流强队，映衬出了中国花游队的进步。

虽然中国姑娘们已经具备了一定的基础，但离不开中国教练员的辛勤努力，这种进步也与仅执教两个月的井村雅代息息相关。在墨尔本的日日夜夜，井村身着印有醒目“中国”二字的运动服，时时与姑娘们相伴。无论是早上5点半就开始的训练，还是晚上8点半才结束的决赛，也无论是单人、双人，还是集体项目的预赛、决赛，处处都有这位日本教练的身影。每次比赛完后，井村都成了最忙碌的人，因为她要分别接受当地官方指定电视台、中国记者和日本媒体三方的采访，轮番轰炸，她往往说得口干舌燥，嗓子都哑了却还不能抽身休息。可她总是很有耐心，尽管队员们和中国教练早已离开。

外刚内柔的井村雅代

井村已经成为了此次花游比赛的焦点人物，在墨尔本世锦赛悄然改变的历史中，她作为179名代表团成员中的唯一一个外国人，正慢慢融入到队员、教练员、媒体这个中国氛围当中。

赢得“花游教母”美誉

提起井村雅代，在日本游泳界可是个无人不知、无人不晓的重量级人物。自 1984 年美国洛杉矶奥运会上花样游泳首次被列为正式比赛项目以来，这位传奇女性率领不同弟子，在连续六届奥运会比赛中夺过奖牌，4 银 4 铜，共计 8 块。这其中，井村雅代的爱徒武田美保和立花美哉在悉尼、雅典两届奥运会上夺得双人赛银牌，并在 2001 年世界游泳锦标赛中赢得了迄今为止亚洲选手唯一的花游世界冠军。井村雅代，这位 56 岁的日本女性把大半生的时间都投入到了培育花样游泳人才上，为亚洲、乃至世界花样游泳运动都带来了不可估量的影响，她因此被日本游泳界称为“花游教母”。

运动员时代的井村曾经两次夺得日本游泳锦标赛花样游泳金牌，并且在 22 岁的时候参加过慕尼黑奥运会的花样游泳比赛，可惜那时花样游泳只被作为表演项目。自己没有得过奥运冠军的她把最大的心愿放在了培养花样游泳后备人才上。从天理大学毕业后，井村来到了故乡大阪的一所中学，担任保健体育部的教导主任，并指导孩子们学习花样游泳。28 岁时，井村雅代被任命为日本队教练，开始了她辉煌的国家队执教生涯。

在洛杉矶奥运会上，花样游泳首次被列为奥运会比赛项目，井村雅代的首代弟子元好三和子和木村纱织子就为日本队夺得了铜牌。此后的每届奥运会，日本花样游泳队均有奖牌入账，而每位奖牌获得者都离不开井村雅代的悉心调教。汉城、巴塞罗那、亚特兰大，日本花样游泳队分别在双人、集体项目（1992 年为单人）中赢得过铜牌，悉尼奥运会，名将武田美保 / 立花美哉组合获得了银牌，这也是亚洲选手在奥运会花样游泳比赛中得到的最高名次。2001 年福冈世界游泳锦标赛，武田 / 立花搭档在井村指导下赢得了亚洲选手迄今为止唯一的花样游泳世界冠军。2004 年在雅典，这对选手再次夺得奥运会亚军，冠军仍是多年未能超越的俄罗斯选手，井村因此心灰意冷，萌生去意，辞掉担任了 26 年的日本花样游泳队教练职务，专心培养自己的俱乐部选手。

井村的成功很大一部分得益于她对色彩的独特认识，还有就是根据日本队员的特点制定出的具有独一无二艺术特色的动作。井村说："比赛时连队员的服装颜色都是由我自己亲自确定的，必须让裁判们一看就知道我们来自东方，来自日本，要让其他一切因素适应我们——我们有黑色的眼睛、黑色的头发和黄色的皮肤。"在 26 年的国家队执教生涯中，井村亲自为日本队设计了极具民族特点的《忍者》、《空手》、《风和小提琴》等节目，每次都能获得各界认可并创出佳绩。日本人非常喜欢好莱坞影星阿尔·帕西诺主演的经典电影《教父》，不知何时起，他们也把取得了辉煌成绩的井村雅代称为日本的"花游教母"或"花游之母"。

如果爱，就训斥吧

2004 年夏天，井村雅代出版了自己的著作，名为《如果爱，就训斥吧》。书中详细讲述了自己担任教练 30 年来培养六届奥运会奖牌获得者的经历，讲述了自己的"花游人生"。井村在书中说："如果你爱她们（弟子），就对她们严厉再严厉一些吧。大声地训斥她们，那是使她们改掉自身缺点，不断提高的最好方法。训斥，是让她们成为优秀运动员的最好手段。"由此，井村的执教风格可见一斑：把高超的技巧培养作为方法，把严格的要求和严厉的训斥作为手段，共同融入到训练当中去，那就是取得佳绩的保证。

在日本游泳界，井村雅代被称为"女大松博文"，她在训练中有着比别的教练高一倍的热情，并且拥有一个绝不妥协的性格。井村说："只要是我想说的话就绝不隐瞒，哪怕再激烈的语言，哪怕是有时会讲错，我也决不后悔，决不后退。"的确，从她讲述的执教经历中我们依稀可见当年日本女排主教练大松博文训练"东洋魔女"的身影。

井村训练自己俱乐部成员和日本国家队队员时要求她们每天要待在水中超过 8 个小时，而最长会达到 13 个小时之多，另外再加上至少 2 个小时的陆上训练，培养队员们脚步与音乐节拍的一致性和协调性。剩下的时间还要对录像进行分析和研究。可以说，从洛杉矶奥运会赢得铜牌的元好三和子、木村纱织子，到雅典奥运会银牌获得者武田美保、立花美哉，没有一名队员没吃过井村的苦，没有一位姑娘没哭过鼻子。这个时候井村会说，"如果哭就可以得到金牌的话，我替你们哭好了，无论怎么哭，哭多长时间都可以。"武田美保回忆道，井村教练是超严厉的，她的词典里没有"不能"二字。她常说"一旦你认为不能，那你的一切就都结束了。没有不能的事情。"这些日本姑娘正是在井村每日的训斥下，才一次次地站到奥运会的领奖台上。可以说在中国花样游泳队崛起之前，日本作为亚洲花样游泳的唯一代表，孤独地在与欧美世界强队顽强地抗衡。

把一切全给了花游

井村雅代 1950 年出生在大阪，父亲是木材供应商，她是四姐妹中最小的一个。从小学三年级起父母就把她们全部送到一家俱乐部去学习游泳。后来上了初中一年级，井村到了新的游泳俱乐部，那里面培训项目更多，条件更好。在她决定究竟继续练游泳还是改练花样游泳时，井村妈妈一句不经意间的"花样游泳真美呀"让井村雅代彻底下了决心。

井村说："我小时候的梦想其实是当一个画家，而且我画得很有水平呢。小学时我一个同学画的画儿被放到展览会上展出，还得了奖。可至今我都没和人讲过那其实是我的作品。”没当成画家的井村雅代却深深地爱上了花样游泳，从初中开始到现在当了中国队教练，一干就是40年。即使是当她退役回到大阪的母校，当临时工培养小运动员的日工资仅有1000日元（相当于现在日本人一小时的工资）时，井村也从未动摇过自己从事花样游泳培训工作的信念。直到1977年，她与学校的同事，一位善良的体育老师结婚，翌年开始担当国家队教练时，井村的生活才有所改善，对此井村说：“我非常幸福。”

井村雅代没有孩子，她把大部分时间都花在了对年轻队员的培养上，30年来从未间断过。雅典奥运会后她不再担任国家队教练职务，创建了自己的花样游泳俱乐部，把大量时间用来和年轻的队员们在一起。井村最放松的时间是同自己的爱犬在一起的时候，那是一只名叫“佐武”的黑白黄三色相间的瑞士大型牧羊犬，取名自日本动画片中的忍者形象，它已经6岁了，非常温顺，是井村工作之余的好伙伴。“可惜我不能把它带到中国来。”井村雅代说。

人格魅力

多哈亚运会中国花样游泳队首次击败日本队连夺两块金牌，稍后又传来井村即将执教中国队的消息，曾在日本媒体和花游界引起不小轰动。当时有部分媒体认为把诸如柔道、花游等日本传统体育项目的优秀教练员或运动员输出，尤其输出到亚洲的主要体育对手国中国，会对日本的竞技体育产生不利影响。反应最激烈的当属日本泳协花游委员会，62岁的会长金子正子对自己多年的好友井村雅代恶语相向：“固然向其他国家派出教练员可以提升日本花游形象，但也要考虑时机和对象呀！”稍后，以金子正子为首的花游委员会措辞严厉地提请井村雅代辞去委员职务。

井村感受到了身上的巨大压力，但她对公众表示了自己执教中国队的初衷，这一点她在墨尔本再一次强调："中国是下一届奥运会的主办国，执教中国队并带领她们取得进步更能增强日本体育在国际上的影响力，彰显日本花样游泳对世界的贡献。至于外边的各种猜疑我都不予理会，我相信自己做得正确。另一方面，我还没有带队获得过奥运会的金牌，我将在中国开始我新的执教体验。"这体现了井村作为一名职业教练所表现出的高素养。

于是井村辞去了在日本的官方职务，义无反顾地来到了北京。在墨尔本，金子正子持续着不甚友好的态度，两人甚至见面也不打招呼。在日本队中，12 名队员里有 5 名来自井村的俱乐部，她们都非常有前途，但并没有得到重用。井村对中日记者说："请理解我，我是为自己的花游生涯而来，也是为了中日友好而来。到 2008 年之后大家都会明白。我更要感谢中国记者对我的大力支持。"

现在日本媒体中已经罕有攻击井村的报道，变得更加宽容，很少有当初的不快，但小气的日本花游委员会除外。从日本媒体的报道和记者们的话语中可以看出，井村雅代正逐步赢得人们的尊重和理解。

中国队员眼中的井村：敬业、和善

井村雅代执掌中国花样游泳队之后，她那种日本人独有的行事方式就给人留下了深刻的印象。井村对中国姑娘的形体给予了高度评价："她们拥有修长的身材和世界上最美丽的双腿，非常有天赋。但同时也显出了力量和速度的不足，这是最大的缺憾。还有就是艺术表现力远远不够。"针对这些，井村雅代开始了她严格而显得有些"残酷"的训练，每天几乎都从早上 8 点练到晚上 8 点。井村说："我要让她们自己

训练下来井村教练与她的弟子们亲如姐妹

说‘不行了，放弃！’我希望有一天她们会觉得遇到我是一件幸运的事情。”花样游泳队的姑娘们开始时有些害怕井村，因为和中方教练在一起时，她们常常嘻嘻哈哈，多年的摸爬滚打，使她们同教练产生了深厚的感情，即使训练时也敢开开玩笑。但井村雅代毕竟是新教练，又是以严格出名的“魔鬼教练”，姑娘们一听到她的口令，脸上的笑容就立刻褪去。力量训练是井村雅代的拿手好戏，她的训练确实堪称魔鬼式的，每天力量训练的时间都是姑娘们最痛苦的时刻。做俯卧撑，她要求队员脚下垫着大浮球做，腰一点不能塌。柔韧性训练，她也一定要把每个人的姿势扶正，必须达到她要求的力度才行。虽然姑娘们过去力量训练时没少受罪，但是井村雅代的训练方式还是让她们尝到了厉害。刚开始练爆发力的时候，队员们悄悄对中方教练说，她们的关节都疼得不敢动。不过效果显著，姑娘们的力量在明显加强。

上海小姑娘黄雪辰说：“井村除了不下水以外，其余该做的全都做了，身体力行。所有的陆上训练、身体训练她都会在场，亲自纠正我们的每一个动作。水中训练她一看不合自己要求就立刻叫停，把我们唤到池边进行讲解。你知道她学会的第一句中文吗？是‘上浮，下沉，错了，停。’” 四川姊妹花蒋文文、蒋婷婷说：“我们很佩服井村教练，她是个有勇气的人。她在场内异常严格，但训练结束后她非常和蔼可亲，我们都很喜欢她。我们还知道她来到中国后最爱吃的东西是什么——肉包子。”北京队的老队员张晓欢说：“早在釜山亚运会时我们就认识了井村，当时是她主动和我们打招呼，还称赞我们的表演。似乎那时我们就结下了缘分，我们钦佩她所做的一切。在训练和比赛中她始终强调动作的规范，但我们谁也没觉得她很厉害，反倒认为她和蔼可亲。”

中国游泳中心水球花游部部长俞丽评价道：“她是个非常敬业的人，典型的日本教练。世锦赛前她三次走训，每次都是从首都机场直接赶到训练馆，回国时从训练馆直奔机场。每天训练十几个小时，没有时间做别的。她其实是个非常和善而有魅力的人，脸上总是带着微笑。据我所知，训练时她对中国姑娘们远没有对日本队员那样凶，那样严厉，可能是因为她觉得我们是外国人的缘故。”

井村正越来越被她的新弟子们所接受，或许正如她所说的，到2008年北京奥运会之后，所有人才会明白她为何顶住压力，义无反顾地投身到一个新的环境，穿起那印着鲜红的“中国”二字的队服。

为赈灾捐款，为北京正名

因为大多数时间都是和弟子们在游泳馆中度过的，所以井村教练很少在公开场合露面。但只要一有机会，她就要为中日友好做一些有益的事情。

4月份在“水立方”举行完奥运会花样游泳资格赛后，面对日本记者关于北京空气质量的提问，井村回答说：“请你们告诉日本的游客，北京的空气很好，环境很美丽，我在这里已经生活了一年多。那些关于严重污染的报道是不实的，请他们来北京时不要戴口罩。”在体育总局为四川汶川地震灾区捐款的仪式上，作为1995年日本阪神大地震的幸存者，井村不仅慷慨解囊为中国人民献出一份爱心，还眼噙热泪鼓励队中的蒋文文、蒋婷婷和王娜三名四川籍弟子："我十分清楚你们现在的心情，我当时也是这样走过来的。阪神大地震那天我们的游泳池没了，队员也都联系不上，但3天之后我们就恢复了训练。我们到处租借别人的游泳池，那时候没有交通设施，很多人走上几个小时去训练。我一生都忘不了那个时候。虽然现在你们回不了家乡，但我希望你们能用自己的努力和成绩，给你们的家乡人民带去一些希望，一些信心。我们的任务是备战奥运会，我们只有更努力，才能使四川人民得到更大的精神支持。"

北京奥运：夺得首枚奖牌

以目前中国队的实力和国际花游界的现状来看，要求从未在国际大赛中夺得过奖牌的中国队取得金牌是不现实的。中国队的主要对手是俄罗斯、西班牙、日本、美国、加拿大等世界传统强队，竞争激烈。但经过井村雅代和中方教练组的艰苦努力，中国姑娘们在最近一年中已经取得了长足的进步，而且通过世锦赛和北京奥运资格赛，姑娘们已经树立

2008北京奥运会上井村的弟子们第一次获得奥运奖牌——铜牌，井村向她们表示祝贺

井村在北海公园即兴写地书

了信心。井村教练虽然低调，但作为中国教练组成员的郑嘉教练说："我们有信心在北京奥运会上赢得奖牌，开创历史。"

如今，北京奥运会已经落下帷幕。这位曾率队参加过7届奥运会的日本著名教练在北京奥运会上完成了她的目标——帮助中国花样游泳队夺得了首枚奥运奖牌。从此，中国人民记住了她的名字和那张亲切的笑脸。一天，在北海公园，井村看到一位大爷用海绵毛笔蘸水在地上练习书法。她一时兴起，借过大爷书中的毛笔，在地上写下了"华样游泳"（日文中"华"有"花"之意）四个俊秀的大字。大爷指出"华"字错了，井村立即重写了一遍。有趣的是，大爷接过笔，就手给两个词打了4分和5分，又转身对井村深鞠一躬："我在电视上看过你，谢谢！"井村开怀大笑，连忙掏出奥运身份证给大爷看。

2008年9月，井村与中国依依作别，她这样回顾自己的执教生涯："这是我人生中一段很美好的时光。一年零八个月的时间里，我得以静

2008 年 8 月 31 日井村终于迈入渴望已久的故宫

心思考："什么是出色的花样游泳？"她也高兴这段经历让中国离自己越来越近。"我相信我的亲眼所见，亲身所感。在我心中，中国和日本都是一样的。两国有着源远流长的交流历史，民族也相近，就是这样的两个国家，如果到现在还要大张旗鼓，铺好红地毯，高呼'中日交流'才能展开交往，这是不正常的现象，中国和日本应是可以互相理解的一对邻居。"

至于今后，井村表示自己来中国的目的就是带领队员们征战奥运会。奥运已经结束，今后如何打算，她还没有来得及多想，只是衷心希望中日两国能"多多开展交流，多到我初到中国时不敢想象的程度。"中国这么近，她一定还会再来的。为了她毕生的事业——花样游泳，为了她心中有一个从不曾忘却的梦——"颁奖仪式上，三面国旗冉冉升起。我盯着这三面国旗，心里在想：为何欧洲第一，多年来能稳居世界第一？三面国旗中，为何中国和日本不能同时占据两面？中国和日本一定要朝着更高的台阶迈进，加强交流，相互学习。亚洲第一，一定要成为世界第一，我相信也一定能成为世界第一！”

文 / 刘艾林

图片提供 / 王小燕　中体在线图片

小档案

姓名： Christine Cornet

中文名： 柯蓉

国籍： 法国

职业： 教师，外交人员

在中国生活时间： 2 年

她的春天在中国

她是一位“中国通”，她的梦想是能多做一些对中国文化有贡献的事情。

她热爱中国文化，又从事着中法两国文化的交流与互动。中学毕业后的一次中国之行开启了她渴望了解中国的大门，同时也让她找到了人生的目标。从此，这位知性的法国人便享受着在中国工作生活的快乐，就像春天般明媚和温暖。

金色的短发，瘦削而精致的脸上，有一双即便是透过眼镜片也仍然闪闪发光的眼睛，那是柯蓉给我的第一印象。

那天，作为法国驻华使馆文化专员的柯蓉在北京三里屯附近的法国文化中心主持旅法中国画家季大海的作品研讨会，会间，她娴熟地谈起季大海画技中颇有明清八大山人的遗风。我想，一个法国人，缘何喜爱中国的历史文化并了解颇深？柯蓉吸引了我的视线。

文化交流的春天在中国

在三里屯外交人员公寓，我如约采访了柯蓉。她佩戴着色泽艳丽的珠链、腰系彩线编织的裙带，装扮上颇具中国风韵，然而眼神中，又透出法国女人的优雅和书卷气。

柯蓉刚从苏州归来，还沉浸在主持“虎丘诗会”的兴奋里。她说，这次诗会的主题是“诗人的春天在中国”，专门邀请了几位法国当代著名诗人：热拉尔·马赛、让·克罗德·潘松、菲利普·贝克等，来中国与中国的诗人们见面沟通和进行诗歌探讨。“诗会上我们特意设计了一个单元，中国人用法语朗诵法国诗歌；法国人用中文朗诵中国诗歌，特别受欢迎。”

“为什么要搞这样的诗歌交流活动呢？”柯蓉有自己的想法。她说：“在今天这个泛物质化的年代，诗歌似乎被人们淡忘了，喜欢诗歌的中国人不如从前多了，甚至有人认为，诗歌是过去的事情，诗人也是过去的老人。在法国，诗歌似乎有同样的境况。”柯蓉想通过举办虎丘诗会这样的诗歌交流，不论是在中国还是法国，尝试恢复人们对诗歌的那份古老情怀和诗歌精神。

“人们在追求商业化的同时，也应该保护诗歌，不管是古老的，还是新生的，因为它是文化的一部分。”柯蓉就是这样认为的。她的中国话说得像法语一样又轻又软，但是非常见力度。

柯蓉肩负着促进中法两国文化交流与合作的使命，她有许多事情要做。柯蓉列举了自己正在从事的“傅雷计划”。她说：“与俄罗斯的‘普希金计划’、西班牙的‘塞万提斯计划’、印度的‘泰戈尔计划’一样，‘傅雷计划’是法国外交部在各国设立的资助出版计划，到现在，在中国已资助了650多种法文图书翻译成中文出版。这是一个不小的成绩。我就负责对申请资助的出版社、出版项目和翻译者进行综合审查，适合的就予以资助。

“2005年，北京还成立了法国文化中心，开办了600多平方米的多媒体图书馆，为中国人提供法国社会及文化的各方面信息，组织中法出版界的交流。不仅如此，我们还提供对译者、出版社和图书馆管理员的专业培训，以及对中国零售书店的资助。这使更多的法语图书与广大的中国读者见面。”

柯蓉欣喜地看到，通过自己和同仁的努力，越来越多的中国出版社翻译出版了法国文学、社会学等方面的书籍。同时越来越多的中国书籍也被法国出版社介绍到法国。“我们还将在北京举办‘读者节’、‘读书日’，现在正在安排儿童和青年（包括大学生）的读书日。我还要请法国作家走进北京的小学进行互动交流……”柯蓉兴致勃勃地谈着，盈盈笑意写在脸上。

遥远的中国，打开她心灵的一扇窗

如何会来中国？又怎么会对中国的文化如此情有独钟？我颇感好奇。于是柯蓉便给我娓娓道来。

原来，柯蓉对中国产生兴趣是在 1976 年，周恩来、毛泽东相继去世的时候。当时柯蓉才 15 岁，正在中学读书。她发现报纸上有不少关于中国的报道和文章，一位老师还特意为她介绍了中国，这极大地激发了柯蓉对那个遥远的，经济制度完全不同于法国的国家的向往和求知欲。“我想弄明白中国的历史和现在。”于是她开始大量阅读有关中国的书籍，几乎把法国汉学家们的书都读遍了。细心的柯蓉还将这些书藏在一个铁盒子里，始终带在身边。

1981 年，柯蓉中学毕业后，到了一家知名政策研究所学习国际关系，令她喜出望外的是，她还获得了一个去中国旅游的机会。“那是一次特别有意思的旅行。我从前苏联乘火车到北京，沿途经过莫斯科、贝加尔湖、哈尔滨、长春、吉林、沈阳、大连，最后抵达北京。这次旅行让我对中国有了感性认识，回国的路上，我就开始下定决心学习汉语，以便更多地了解中国的历史文化。”

在巴黎一所学校学习了中国历史之后，柯蓉又来到中国复旦大学攻读汉语。由于对中国历史的偏爱，学习期间柯蓉就对1865年建厂，并与英国技术合作的江南造船厂进行实地调查，并最终完成了题为《从江南造船厂看中国十九至二十世纪文明发展》的博士论文。1996年，柯蓉在法国里昂第二大学（Université Lumiere Lyon II）历史系任副教授，继续从事对中国历史的研究。

自2000年起，柯蓉转为研究影像资料与历史的关联。从事这项研究与她在上海的经历不无关联。她在上海时，很喜欢看黄浦江外滩边那些不同风格的宏伟建筑，它们既不是纯粹的法式、英式、德式建筑，更不是中式建筑，而是带有中外文化交融后产生的另一种文化元素特质的建筑。这些建筑连同它们所在的外国租界着实让柯蓉迷恋，也给了她无边的想象：外国人为什么来中国，他们有怎样的生活故事，当时的时代是什么样？这些问题令身在法国的柯蓉魂牵梦萦。于是，她顺着自己的思路研究下去，2001年，柯蓉出版了自己的研究成果：第一部作品《1849-1946，法租界照片集》。

一次偶然发现，唤醒了尘封70年的中国老照片

下一步的研究向何处去，柯蓉似乎到了“弹尽粮绝”的地步，因为巴黎、南特等许多法国地方档案馆的中国资料，几乎都让柯蓉翻遍了。

她又一次来到了里昂教皇传教会的资料库，想试试运气，不过她去前就有了思想准备：几乎不会找到任何有价值的东西。

然而，命运的奇迹出现了。资料库管理员听了她的询问后，拿出了几幅照片让她辨别。柯蓉着实大大地惊喜了一回：近4000张照片静静地躺在落满灰尘的金属柜里。这些照片和照片中的人被柯蓉“唤醒”。

拍摄者是上个世纪一名叫做卫德骥的法国神父。他是被教会派到中国调查宣教情况的。有趣的是，卫德骥在这次中国之行中，携带了当

历史图片《水上人家》之一“背鱼篓的人”

时最先进的摄影“行头”。在1932年年底从上海沿大运河到北京的路上，他用镜头记录下了他所关注的一切。可以说这是一部影像版的旅游日记。回国后他把这些照片加以整理标示后交给了教会，并一直保存在里昂传教士文库中。

继这些富于传奇色彩的老照片被柯蓉发现之后，她又在里昂图书馆发现了卫德骥留下的三百多枚玻璃感光片，并从另一处耶稣会史料中发现了神父当年写在练习本上的旅行日志。在日志中，卫德骥不仅写下沿途的所见所闻，更仔细记录了拍摄每一张照片时所使用的器材名称和光圈。正是这些详尽的资料启发了柯蓉必须要找一位专业人士和她一起，不仅从历史的角度，更要从艺术的角度，复苏这些尘封的记忆。

中法文化交流年伊始，法国里昂和中国上海组委会分别收到了柯蓉与合作者寄来的名为“卫德骥镜头中的中国形象”的项目计划书。这个关于大运河的故事深深吸引了组委会。在经过近两年的筹备之后，这些尘封了70年，源自大运河的记忆的历史图片《水上人家》，终于在2005年6月踏上回家之路。

这组老照片留下了当时大运河沿岸百姓真实生活的影像：鱼篓、窝棚、舢板、人家、农具、赶鸭子的妇女、依水而居的人们、歇息的脚夫、工人们的笑脸……每一张都在讲述着一段生活故事。而照片中不同人们真诚的笑脸，在充满贫困、疾病和战争的年代，展现了中国人乐观的生活态度，以及作者对“人之荣耀”的颂扬。

面对一些正在消失的中国文化，她愿意保护它

也许是上帝的厚爱，2006年，柯蓉作为法国驻华大使馆文化专员再次回到阔别已久的中国，这工作对她来说实在是太合适不过了。

旅法中国画家季大海的作品之一

柯蓉说，她的工作特别有意义。她发现了很多中国人与法国人在思想意识上相同的东西。“比如，我特别喜欢季大海作品的画风。季大海用很传统的中国八大山人的技法作画，但是由于他在法国南方生活，所以他又融合了法国画特有的技法。于是，你在他的画中看到了来自世界上两个国家的灿烂文明交融后产生的新奇美妙的图画效果，这真令人欣慰。”

自从1983年，柯蓉离开中国一直到现在，中国经济的高速发展让柯蓉欣喜，她说她非常喜欢中国在一步步变得富强。但是敏感的柯蓉也看到了事物的另一

面："一边要经济进步，一边也应该保护和发展自己的文化。经济发展应该是文化发展的推动者。但是这30年来，中国忽视了对自己民族文化的保护。因为，我看到中国的年轻人对自己民族的文化不太重视，北京的很多胡同消失了，这很可惜。"同时，柯蓉也非常客观地看到了中国很大，各地存在差异。"浙江和江苏跟甘肃就不能比。"

这位"中国通"非常希望能多做一些对中国文化有贡献的事情。"因为做中法文化交流工作，我脑子里时刻在想，如何通过自己的工作，保护中国的文化。这很重要！"

热爱中国文化，又从事着中法两国文化的交流与互动，知性的柯蓉享受着在中国工作生活的快乐，就像春天般明媚和温暖。

文/张 桦

小档案

姓名： Yury Ilyakhin

译名： 尤里·宜刘新

国籍： 俄罗斯

职业： 商人

在中国生活时间： 10 年

最中国的俄罗斯人

他来自我们的邻国俄罗斯，与中国有着不解之缘。他做过记者、编辑、翻译、公司老板。在 2008 年中国的奥运之年，他幸运地成为北京奥运会火炬传递的第 163 棒火炬手。然而，这位如今爱喝普洱茶，爱听京剧的老外最初的中国梦却源于一顿偶然的中国美餐。它改变了他的一切。他就是 53 岁的尤里·宜刘新。

有人评价尤里·宜刘新是最中国的俄罗斯人，因为他欣然接受两国文化的不同，而且在两片土地上都取得了成功。2008 年 7 月，他参加了北京奥运会火炬传递兰州段的传递。他和中国的不解之缘使他成为中俄两国媒体报道的热门人物。

不解之缘

说起来，尤里和中国的不解之缘是从那个中苏关系不太好的年代开始的。1972 年，他考入莫斯科国立大学学习汉语。浩瀚的方块字，难以把握的四声发音，恶化的中苏关系令年轻的尤里感到苦闷和迷茫。然而，一顿偶然的中国美餐，改变了一切。

就在 1972 年的秋天，他和同学们一起到一个朋友家做客。这位朋友的妈妈是中国人，在莫斯科的北京饭店工作，做得一手好菜。那天，她为大家包了饺子。俗话说，“好吃莫过饺子”。回味无穷的中国美食，令尤里“一尝”倾心。中国人讲：“有朋自远方来不亦乐乎”。那位中国母亲忙碌着，还不时和年轻的客人们聊着天。大家吃着饺子，还有蘑菇炒饭，品着中国白酒，这种中国式的温馨让尤里忽然产生了一个想法：一定要到中国去看一看，看看他们到底是怎么生活的。

尤里与妻子在长城脚下

“中国文化就像一扇门，或者一本书，打开它，你会发现，它就在你身边。五千年的积淀，令你一碰到它，就不能不受到它的影响”。也许这就是文化的魅力，就这样，尤里坚持了下来。

毕业后，尤里曾在北京作过塔斯社驻华记者。回到莫斯科，他先后在国家图书馆亚洲部、俄罗斯文学出版社做编辑。这段时间，具体说就是上个世纪 90 年代，他翻译、编辑出版了很多中国文言文作品，其中包括《宋词》。用现代俄语表达中国古代诗人的情怀不能不说是一个巨大的挑战。但尤里说，读着那些优美的诗句，感受着他们的喜怒哀乐、悲欢离合，“我感觉他们和我近在咫尺”。

在中国多年，尤里对中国的国粹京剧也情有独钟，他爱听《霸王别姬》和《白蛇传》。他还翻译了一套《京剧启蒙》中俄文对照读本，包括《读京剧》、《看京剧》、《听京剧》。想到自己的同胞一边欣赏着“霸王别姬”的唱段，一边浏览着自己编写的解读和京剧故事，尤里感到十分欣慰。他说：“两国文化的交流首先通过文学，我能参与其中，深感荣幸。”

做个“儒商”

爱喝普洱茶，爱听京剧的尤里1996年开始投身商海。他是中文免费广告媒体手递手专刊的创始人，如今的头衔是北京手递手信息技术公司总经理。按中国人的眼光，他完全可以称得上是一位“儒商”。

一个免费刊登信息的平台如何可以赚钱？有人曾经质疑。因为免费，信息的可靠性就强，因为免费，前来刊登的人就多，而丰富可靠的信息本身就是财富，琢磨明白了这个舍与得的道理，我们就不难理解尤里的公司为何蒸蒸日上了。

尤里的公司雇员大多是中国人。一开始他有些担心：在生意场上，中国人一向很优秀，跟他们合作，做他们的领导一定很不容易。不过，谙熟中国文化的尤里知道，中国有句老话，叫“入乡随俗”。很快，他习惯了中国人的观念，而他的员工也习惯了这位洋老总，他们亲切地称他“尤总”。

就这样，来自俄罗斯的尤里一心一意地为中国普普通通的老百姓提供着服务。对自己的这份事业，他充满了自豪。“2000年，一位残疾人给我写信，说他通过我们的报纸帮自己的妹妹找到了工作。这是对我们工作的最高评价。很多没太多积蓄的外地人每天用我们的平台找工作，找房子。我们为和谐社会贡献了一份力量……”听到尤里这些肺腑之言，相信大家都会认同尤里的确“很中国”。

尤里来到中国的时候，改革开放的脚步刚刚迈过5个年头。他目睹了中国的变化。“那个时候服装变了、发型变了，商品多了，酒店、饭店多了，贫穷的感觉渐渐消失了。然而最大的变化就是中国向全世界开放了。中国人开始非常积极地影响世界。他们尊重自己的传统，也让更多外国人到中国来，接受他们的经验，他们的技术，他们的帮助。这是从心里的改变，心里的开放。”尤里说。

“90 年代，当我决定要在中国办公司的时候，我到中国书店买了一本厚厚的书，叫做《中国和企业法律》，是中英文对照的。在那个年代，中国政府就有了这样的措施，来帮助那些想到中国投资的人。”尤里感到自己很幸运，不仅是幸运地选择了汉语，更幸运地赶上了一个欣欣向荣的时代。

第 163 棒火炬手

也许这就是缘分吧，2007 年 9 月，尤里偶然从《中国日报》上得知，联想集团准备从在华外国人中挑选 8 名奥运火炬手。尤里用一晚上的时间写了一篇名叫“中国和我”的“竞选”短文。两国关系变迁的大背景下一个普通俄罗斯人的中国情结打动了网友。他一路“过关斩将”，从数百名竞争者中脱颖而出，最终获得了参加奥运火炬传递的殊荣。

这中间还有一段小插曲。10 月 14 日晚 10 点，距离投票截止还有两个小时，尤里正满心欢喜地关注着自己不断上升的票数。忽然，他意识到，不对！他的票数几乎是在成几何数向上暴涨。“一定是有人在用一些‘阴招’替我拉票！”他回忆说，“我当时难过极了。”

第二天一早，尤里给《中国日报》和联想集团写了一封信。“我认为参加奥运火炬手的活动，应该代表奥运精神，我们应该尊重他人，也尊重自己。请组委会扣除其中的‘假票’，要不干脆不要把我列为候选人了。我虽然想当火炬手，但做事情得有原则。”他说。

组织方得知此事后，非常重视，经过重新计票，尤里最终以 6751 票名列第七，仍然入选北京奥运火炬手。“当得知自己成为北京奥运会火炬手后，我觉得自己成了全世界最幸福的人之一！”尤里后来回忆说。

之后，尤里的生活发生了一些变化。他开始少喝啤酒，每天散步，以保持良好的形象。“能成为火炬手我十分荣幸，因为我不仅代表个人，还代表俄罗斯人民。”他每天都上网查看火炬传递的情况，还把相关的报纸收集起来。“奥运使我变得更精神，更充实。朋友们也说我年轻了。”他说。

尤里手持祥云火炬，跑在兰州的大街上

而他太太和女儿的高兴劲儿更别说了。得知丈夫成为北京奥运会火炬手，贤惠的夫人亲手制作了一个形似火炬的大蛋糕，请朋友们到家庆祝。许多在俄罗斯的亲朋好友也发来电子邮件，询问他准备得怎么样了，北京准备得怎么样了。“我感到这不是我一个人在跑。”尤里这样描述自己的感觉。

2008 年 7 月尤里作为第 163 棒火炬手，有生以来第一次来到兰州。“因为手里有圣火，我感觉我是世界上最幸福的人。在我的前半生中，还从没在哪一天见到过这么多幸福的人。祝愿北京奥运会圆满成功，让我们一起加油。”手持祥云火炬，尤里感到这是他“平生最难忘的 50 米”。他一边跑，一边向两旁的群众挥手，并和他们一起高喊“奥运加油”。

他的妻子和专程从莫斯科赶来的女儿一路跟随着他，不断按动相机，将这难忘的时刻记录下来。

俄罗斯颇具盛名的《莫斯科共青团报》大篇幅报道了尤里参加奥运火炬传递的情况，他在莫斯科工作的哥哥因此一下子买下了 300 份报纸，他要和同事们、朋友们分享这份喜悦。

用歌声传递友谊

说到尤里，不能不提到他和太太卡佳在2003年共同创立的手递手合唱团。合唱团成员都是中国人。他们每周排练一次，唱俄国歌、中国歌，也唱意大利、德国歌曲。合唱团的指挥就是尤里的夫人卡佳·伊柳辛娜，高尔基市音乐学院的高材生。在她的潜心指导下这个合唱团逐渐形成了自己独特的风格：深厚的欧洲古典音乐传统和丰富的中国经典在这里走向了融合。在2007年“北京合唱节”上，手递手合唱团还拿了个一等奖。

现在，卡佳对中国的古琴产生了浓厚的兴趣。“古琴看起来非常简单，但它有差不多两千年的历史，同一首歌曲可以有120多种弹法。这就是中国文化的特点，表面上好像很简单，其实内涵很丰富。”这个音乐家庭对中国文化的理解恐怕令许多中国人都感到汗颜。

琴瑟和谐

尤里本人最喜欢维吾尔族民歌《青春舞曲》、《阿拉木罕》，还有《大海啊故乡》、《茉莉花》等。“音乐能让人互相了解，美丽的中国歌曲让我感动，让我落泪。优美的俄罗斯歌曲也让团里的中国人激动不已。中俄是邻国，是大国，都有着深厚的文化传统。在手递手合唱团

一家三口欢聚在中国

里，我们做到了邻里交融。”虽然大家都说国与国之间的相互了解不容易，可尤里却用自己的实践把这件事变得如此简单朴实。

文 / 李涛

小档案

姓名： Leonardo Posada

中文名： 莱奥

国籍： 哥伦比亚

职业： 商人

在中国生活时间： 25 年

别拿我当老外

他有着百分之百的外国血统，却有着百分之百的中国情感。他生在哥伦比亚，却长在红色的中国。他是革命的后代，却没能继承父辈的事业。不过，他在用另一种方式支持中国的社会主义建设，谱写着中国经济与世界经济共同发展的新篇章。在中国，他有着许多不平凡的经历和故事，他与中国人民同呼吸，共命运，一起走过了那段激情燃烧的岁月，亲眼见证了改革带来的巨变。现在就让我们去认识他，这位从不把自己当外人的莱奥。

莱奥（Leonardo Posada）是哥伦比亚人，外表没有欧美人那么鲜明的西方特色，有点像中国新疆的少数民族，鼻子高点儿，头发卷点儿而已。在我猜测他的“海拔”时，他自报“1 米 68，又顺又发。”一口地道的京片子，更让人觉得他不像是外国人。

他在中国长大，上过中国的幼儿园、小学、中学甚至大学。在中国他有诸多同学、朋友还有亲人。大家都叫他莱奥，或六儿。从生下来到现在的 48 年，差不多一半以上的岁月他都是在中国度过的。他进入中国社会的时间和深度，可能没有几个外国人能比。他在地球的另一端辗转多年，最终又返回中国。虽然他现在是美国一家投资公司的驻华代表，但朋友们从来没拿他当外国人。因为他与中国已血肉相连。

难忘当年阳光灿烂的日子

这次朋友聚会是在京西的友谊宾馆。从共和国建立之日起，这个宾馆就一直接待援助中国的外国专家及其家属，莱奥就是在这里从幼儿长成了青年。他领着我们在宾馆里进行“怀旧”散步，表情中有几分深沉，语气里带着几分感慨，几分甜蜜。

他把童年居住过的专家楼、玩过水的游泳池（现在是健身馆）、买过东西的小卖部（现在的超市）一一指给我们看。在我们的“拷问”下，他还交待了儿时淘气的种种“劣迹”，比如跳窗、翻墙、用汽枪打碎路灯等等。据说宾馆里老一代的服务员差不多都认识这个小淘气，可惜现在物是人非，莱奥找不到当年的熟人了。

莱奥第一次进入中国是1964年，那一年他4岁。

莱奥的父亲Enrique Posada，当年受毛泽东思想的影响，为了世界革命不远万里来到中国，为中国的西班牙语教学和重要文献的翻译事业作出过重大贡献。他参与了《毛泽东选集》西班牙文版的翻译并承担定稿的重要职责，在中国的翻译界久负盛名。后来的《陈云文选》、《邓小平文选》的西班牙文版又再度借助他的权威审定，得以顺利出版。

Enrique Posada先生是中国人民尊敬的老朋友，在中国享受过顶级的礼遇。中国老一代的领导人毛泽东、周恩来曾多次接见过他和其他帮助中国建设的外国专家，莱奥也跟着沾光。“见周总理的次数多了去了，有多少次实在记不清了，可惜现在找不到总理抱着我的那张照片了。”中国人民一直对这些与自己同甘苦共患难的国际友人心怀敬意，后来的领导人邓小平、江泽民、胡锦涛也多次向这些为中国人民作出杰出贡献的外国专家表示感谢。

刚来中国时，父母都在国际关系学院，后来老爸被调到中央编译局。小男孩Leonardo Posada最初的任务就是吃好、玩好、快乐成长。在幼儿园里他挺受阿姨喜爱，不是因为老爸的地位，只是因为“小洋人儿”长得机灵可爱。在家说西班牙语，在幼儿园说汉语，双语教育从小开始。现在中国人总喜欢说“足球要从娃娃抓起”，“计算机要从娃娃抓起”，“外语要从娃娃抓起”，什么什么都要“从娃娃抓起”，人家莱奥的中国话可早就“从娃娃抓起”了。

到了上学的年龄，他就进入西城区粉子胡同的红庙小学读书。他父母选择这所学校是因为学校离老爸上班的中央编译局近，老爸可以带着

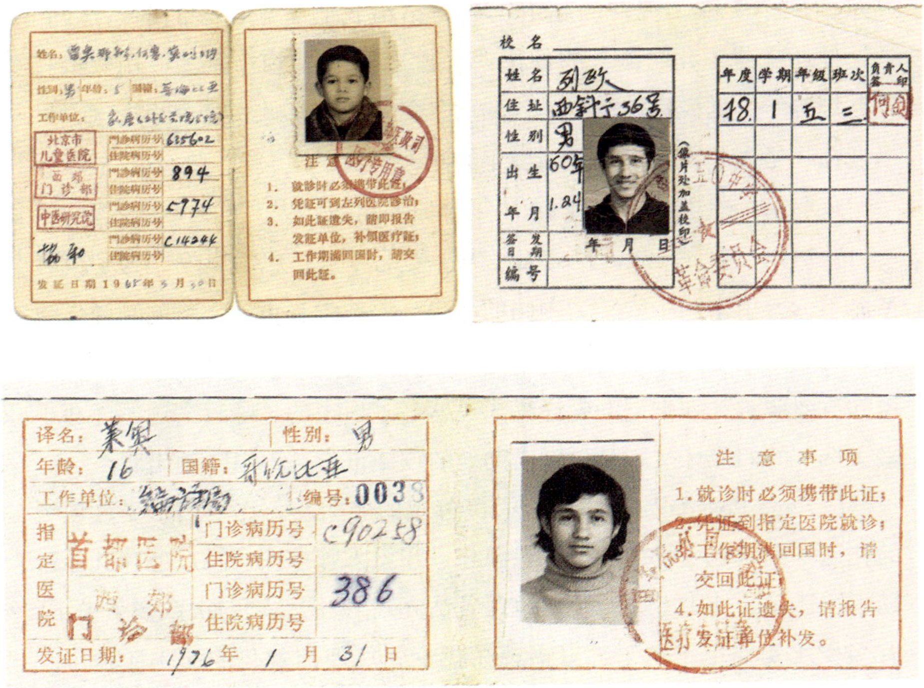

莱奥小时候的医疗证和学生证

莱奥同出同归。

莱奥的全名 Leonardo Posada 对中国的同学和老师来说很是绕嘴。为了方便，妈妈请她的同事杨阿姨帮忙给莱奥起一个中国名，要和大 7 岁的哥哥的中文名有联系。“我哥身体较弱，我妈希望他强壮，所以叫李松强。到我这儿，我妈希望我的名字明亮、阳光。于是，杨阿姨就给我起了一个名字叫李向阳。”这个名字很响亮，妈妈和莱奥都很喜欢。其实这是电影《平原游击队》里一位抗日英雄的名字，在中国很少有人不知道。“不过杨阿姨并没考虑电影的因素，只是从我哥的‘松强’延伸而来的。”至于为什么姓李，莱奥也不清楚。大概是因为李姓是中国第一大姓，中国人每 100 个人里就有 7 个人姓李，莱奥父母的中国同事中姓李的人可能也为数不少，所以也就让莱奥和哥哥随了中国这第一大姓吧。

1970年莱奥曾随父母返回哥伦比亚，1972年又随父母回到中国上中学。

初中他是在育英中学上的，高中进入172中，即后来的人民大学附属中学。这两个学校里有不少同学是干部子弟、军人子弟，也有不少外国专家的子弟，都和莱奥玩得到一块儿。有句老话叫“半大小子鬼见愁”，加上“文革”动乱时期，大人忙着“闹革命”，小孩就撒开欢疯玩。用莱奥的话说：“那个时候，凡是中国男孩干过的坏事，什么打架、逃学、拍婆子……我都干过。”所以若干年后，莱奥看电影《阳光灿烂的日子》时感到十分亲切，因为那个电影反映的正是他们那个年龄段的人当时的生活。

中学时“李向阳”的称谓不大被启用，大家却叫起了“列欧”“来欧”等，译音有点乱，但大致近似莱奥的音。不知哪个聪明的坏小子干脆把“莱奥”来个连读，成了“六儿”。因为顺嘴，这个名字被迅速推广开来。不知道的人还以为莱奥在家排行老六，上面有五个哥哥或姐姐呢。

莱奥在西方的许多语种里都有“狮子”之意，看来普天下的父母都希望自己的儿子强壮而有出息。中国人“望子成龙”，西方人“望子成狮”，正所谓“人同此心，心同此理”呢！至于西班牙文的“狮子”怎么就成了中国话的“六儿”，这就不是老师和家长想得明白的事了。只要莱奥同学接受，他们也就不便干预。

直至今日，有同学打电话找他，只要一听称谓，是叫“李向阳”、“列奥”还是“六儿”，他就可以断定对方是小学、中学抑或是大学的同学了。

莱奥同学上高中时正是青春萌动期，对“盘”靓“条”顺的女同学开始有“想法”不足为奇。现在所谓的“泡妞”，那会儿叫“拍婆子”，一“泡”一“拍”，尽显各自的时代特色。现在的女孩不“泡”不行，要温柔，要有耐心，要有小资情调。可那会儿的女孩都是革命的“铁姑娘”，断然不吃这一套，那个时候“小资情调”也不是好词，玩“小资”是要被批判的。所以看中哪个姑娘，就大胆出击，一个“拍”字尽显直截了当的勇气，也许一“拍”即合，也许一“拍”两散，能否结为“革命伴侣”，成败在此一“拍”。

莱奥同学终于要“拍婆子”了。一位哥们儿帮他创造了与心仪对象单独相处的机会，约会地点选在了紫竹院公园。少男少女谈得似乎还算投机，大有“一拍即合”的希望。但是过后却没有了下文，姑娘总是躲着他，莱奥同学百思不得其解，初恋就此无疾而终。30 年后，当年的班主任，现在的校长才揭晓谜底：“学校把你们这些国际友人的子弟当成宝贝，当做重点保护对象，生怕出一丁点儿事。发现有恋爱倾向只能警告中国一方的同学，叫她离你远点……”老师棒打鸳鸯，也是一片苦心。

现在同学聚会时莱奥还能见到那位女同学。当年懵懵懂懂，而今相逢一笑，往事并不如烟，彼此都保留一段美好的回忆吧。

起了个大早赶了个晚集

莱奥上学算是早的，而且特是时候，高中一毕业就赶上中国恢复停顿了 10 年的高考。热锅热灶好做饭，莱奥顺利考进了北京医学院（现在是北京大学医学院）学临床医学。但是上到大三，麻烦来了：父母已返回哥伦比亚，莱奥的居留权成了问题。那时哥伦比亚与中国尚未正式建交，护照签证无法办理，莱奥不得不在 1981 年返回哥伦比亚。

因为当时哥伦比亚与中国还没有外交关系，不可能承认对方的学历。况且医学学历即使是在关系良好的国家间也未必承认，必须是同一语种的国家和地区，医学文凭和行医资格才能算数。可莱奥如果重新考大学，又面临着中国与哥伦比亚中学课程不同的问题，在中国学，参加哥伦比亚的考试，犹如学少林拳却参加柔道比赛一样，规则与内容都不对路。莱奥无奈，只得重新学习哥伦比亚的高中课程，重新参加哥伦比亚的高考。不过这样一来，莱奥也想明白了，既然医学文凭容易受地域限制，那么索性改学经济金融专业，只是这么一折腾，他1988年才从哥伦比亚的大学毕业。“起了个大早，赶了个晚集。” 莱奥只能一声叹息。

毕业后莱奥进入哥伦比亚的金融界，为欧共体给低收入人群提供的贷款项目勤奋工作，很快便崭露头角，被一国际贸易公司发现并挖走。1993年，莱奥带领哥伦比亚贸易代表团访华，他又回到了阔别10年的北京。中国改革开放所带来的巨大变化震撼了莱奥。就这样，莱奥第三次进入中国就没走，并且一杆子扎到21世纪。

1998年，他开始在西班牙最大的银行圣坦德银行北京办事处任首席代表，一干就是8年。用朋友的话说：“老薄十年不下岗，誓死要当副行长”。（对了，到银行后，莱奥为正式起见，改用其姓“薄萨达”（Posada）为对外中文名字。）无论是专业资历，工作经验，还是业务能力及社会交往等方面，银行的工作对于莱奥来说都是轻车熟路，捏拿自如，8年的大大小小业绩就更“别提它了”。问题是当又有人来挖他时，他又一次心动了，银行的工作固然养尊处优，但缺乏冒险和挑战性。

电影《天下无贼》中有句台词：“21世纪什么最贵？人才。”这是近年来中国的流行语。不过真正懂得人才的重要性的，还应属美国人。他们最会发掘人才，揽天下精英为我所用。像莱奥这样受过中国、哥伦比亚教育，经受过西班牙经济界磨练，又在中国显示了才华的人物，很容易成为美国人猎头计划中的目标。

为了更大程度地发挥才能，充分实现自己的人生价值，也为了能更好地养家糊口，他接受了美国一家驻华投资公司的邀请，进入该公司任业务发展代表。他在投资项目上的信息处理能力和判断力，在中国深广的人脉，能“左右逢源”地处理难题的能力，使他理所当然地得到了美国这家投资公司的高度信任和丰厚报酬。

莱奥在事业上收获颇丰，爱情上也春风得意。每当他开车载着清秀的夫人和人见人爱的小女儿，赴同学和朋友的聚会时，所有在场的新朋老友都会感受到这个家庭发散的幸福“超强辐射”。

起了个大早，赶了个晚集。但是这个晚集是个大集，赶集的莱奥收获可观，足够他偷着乐了。

编织幸福的日子

诗人王蒙唱道：“所有的日子，所有的日子都来吧，让我编织你们。用青春的金线，和幸福的璎珞编织你们。”这似乎是莱奥重返中国后的心境。特别是在结识王琰之后，他就把生活中的每一天都编织成幸福的日子。

在一次朋友聚会上，莱奥遇见了气质淡雅、眉清目秀的王琰，顿时有了“天上掉下个林妹妹”的感觉，立刻展开爱情攻势。“能不能到你家喝杯咖啡？”王琰脸一红：“改天吧。”莱奥一看“有门儿”，继续穷追猛打，非要当天到王琰家里喝咖啡。王琰是CCTV的编导，按说是见过世面的现代女性，却也没能招架住这种凶猛的攻势。

结果呢？莱奥一脸“阴谋得逞”的坏笑。“到了她家，什么茶啊饮料的都喝了，就是没喝到咖啡。”朋友们一阵大笑。王琰拗不过莱奥的恳求让他登了门，但是不让他喝到咖啡是有意给他一个小小的“冷处理”。不过喝不喝咖啡已经不重要了，莱奥已经找到了可以和他共同编织未来幸福生活的人。

莱奥和王琰的第一个爱巢是有名的“鸳鸯楼”——北京青年公寓。这里都是一居小户型，适于新婚小夫妇居住，虽然挤一点儿但是很温馨。随着中国的变化，他们的爱巢也在不断升级换代。先是住 CCTV 分配给王琰的一套两居室单元房，后来又置办了自己的房产，现在住在机场附近的一套 200 多平方米的大房子里。我们恭维他“提前进入小康”，他笑应：“对，小康，小康。”其实岂止小康，应该划入中产阶级了。

莱奥和王琰的爱情结晶在 21 世纪出生，这是个睫毛长长的洋娃娃，西班牙文的名字是 Manuela，中文名王龙歌。姓王是尊重夫人，龙是中国的象征，歌是哥伦比亚的第一个音转来的。从小女儿的名字，可以看

莱奥和女儿龙歌

出“王导”的文采，也可以看出莱奥的心里装着他深爱的祖国哥伦比亚和第二祖国中国。

小龙歌即将达到上学的年龄，莱奥倾向于让她到国外读书，他不太赞成中国竞争激烈的应试教育。“中国的小孩子太辛苦，每天被大量的课程和作业压得喘不过气来，没有玩的时间。教育不该泯灭儿童的天性，应该让他们边玩边学，不该一天到晚围着分数转。”但应试教育出身，当年高分考入重点大学的“王导”是否全部认同莱奥的看法，我们不得而知。只听说她有点担心莱奥“惯”孩子。

48 岁的莱奥看着花骨朵一样的小龙歌，满脸都是幸福，能不宠不惯吗？

不管接受什么教育，小龙歌将来肯定精通多种语言。爸爸妈妈两套语言系统并行，还加点英语，小姑娘都应对自如，一个翻译家正在成长。不过爸爸想得更远：“还是要先学一个专业，外语只是工具。西班牙人和美国人看重的也是我的专业才能，而不仅仅是外语。”

至于是小龙歌在国外上学，还是在中国读书，这就得让莱奥和王琰讨论一阵子了。

莱奥曾被人问及是不是中国流行的“妻管严”，他强作豪迈地说：“不是！我们家大事我说了算，小事她说了算，只是现在还没发生过大事。”大家都发一笑。不过，不知道决定孩子在哪儿上学算不算大事？

抢救一段“红与绿”的历史

莱奥和王琰各有各的事业，但近年来他们发现了一件需要他们两口子合作的事业。

当年那批曾和中国革命事业同呼吸共命运的老专家，包括莱奥的老爸都已进入了耄耋之年，其中有些人已经辞世。莱奥曾看望过他们中的很多人，和他们的子女也有联系。每当接到哪位老人去世的讣告，莱奥和老爸都要慨叹一番。

这些人曾见证了中国那一段激情燃烧的岁月，见证了中国人民艰苦奋斗、打破封锁、自立于世界民族之林的那一段历史。他们曾满腔热血地参与了这段历史，并为这种参与付出了昂贵的代价而无怨无悔。他们中有些人在安度晚年，有些人返回祖国后生活不如意，有的疾病缠身，有的晚境凄凉。有的和莱奥的老爸一样，在中国工作时间不作数，要领取退休金还要继续打工，挣够年限。这些人散落在世界各地，不可避免地随着岁月的流逝而老去，当他们离开这个世界时必将带走一部分历史的记忆。这是历史的损失，中国的损失。

莱奥痛感历史记忆的流失，他认为抢救历史记忆的工作应该尽快开始。身为电视编导的王琰，理解莱奥的想法并愿意以自己的能力给予技术支持。夫妻合作，肯定是1加1大于2。这让莱奥更对当初猛追王琰的选择沾沾自喜。“瞧这媳妇娶的，赚大发了！”

抢拍老一辈专家，是抢救一段红色历史，而他们的子女也见证过那段历史。有趣的是，年轻的一代中很多人因为儿时种下的中国情结，又返回中国。他们操着标准的中国话，迅速地融入中国社会。他们比父辈更快地理解了中国的改革开放，也更深入地参与到中国的经济大潮中。他们尊敬父辈为中国革命事业鞠躬尽瘁的激情和红色经历，但他们不再重复父辈的生活轨迹。他们与时俱进地掀开新的历史篇章，掀开中国经济与世界经济共同发展的新篇章，掀开用人民币、美元或欧元结算经济成本和经济成就的历史。莱奥把年轻一代正在参与其中的新历史，称为“绿色的历史”，是由钞票的绿色映衬的历史。

新老两代都是历史的创造者，“红”与“绿”都为中国的建设作出了贡献。红色的历史急需抢救，绿色的当代史也会很快地成为过去的历史，如果不记录下来，也会成为被湮灭的历史。三代之后谁还会记得共和国建立之初和改革开放之中的两代外国人在中国的故事？总不能让小龙歌再来抢救父辈甚至爷爷辈的历史吧？

应该说，莱奥和王琰正在做一件功德无量的好事。祝他们好运！

文 / 绿杨

小档案

姓名： 石山雄太

国籍： 日本

职业： 演员

在中国生活时间： 15 年

中国舞台上的日本猴王

他个头不高，一脸清秀，很有几分江南小伙子的模样。言谈话语间，你会发现他的目光灵动，透着几分机灵劲儿。不打听他的身份，你绝不会知道他是个外国人。他就是中国第一个外籍京剧职业演员，来自日本的美猴王——石山雄太。

舞台上的他，做着“跳门槛”等京剧武丑的高难度动作，赢得台下阵阵喝彩。这位功夫过硬的演员，竟是一位日本人，不仅招式在行，还能操一口京片子和大家聊天，口音中夹杂着老北京的片儿汤话。他叫石山雄太，来自日本东京。

与京剧天生有缘

石山雄太出生在日本东京一个职员家庭，在北京生活了“一十五载”（《四郎探母》中的台词），32 岁的他，在中国京剧院（现中国国家京剧院）做演员，他是中国文化部特批的第一位外籍专业演员。平时，石山雄太胸佩太极护身符，喜欢吃素，对北京城的上上下下十分熟悉。从外表看，无论如何，你不会看出他是一个外国人。在中国，学京剧的外国人不算太少，但做到专业京剧演员的，只有他一个。

石山雄太从小活泼好动，上小学不久，有一天，他偶然打开电视机，被一只由活人扮演的猴子深深吸引。后来得知，这只猴子名叫“齐天大圣孙悟空”，善良正直，专爱打抱不平，石山雄太一见倾心，看得如醉如痴。从此，他迷上了京剧，这一迷最后竟“不仅是喜欢，而且离不开”。

《西游记》、《三国演义》是中国的古典名著，日本人也十分喜欢，以之为题材的动画片有时会在电视上播放。自从迷上了孙大圣，石山雄太觉得好玩儿，一心想当京剧演员。他把这归结为缘分，称与孙悟空天生“有缘”。

京剧毕竟是中国的“国粹”，不去中国、不学汉语，怎能领略京剧的魅力？他下定决心要去中国学习京剧，并且开始寻找学习中文的机会。东京有一家由爱好京剧艺术的日本人组成的票社“京剧研究会”，每个周末，都会请一位京剧老师来辅导教学。石山雄太参加了这个社的少儿班，业余时间猛攻中文，他是班上最小的学员。从小学到高中，他一边学习中文，一边苦学京剧基本功。

功夫不负有心人，来中国一游的机会果真降临到爱好京剧的石山雄太头上。1992 年，即将高中毕业的他，参加由日本朝日新闻社举办的一个中文演讲比赛。经过一番竞争，石山雄太进入了决赛，他关于中国京剧的演讲清晰、动情，博得评委会的一致首肯，最终赢得第一名，奖励是 1993 年免费到中国旅游一次。

1993 年秋天，17 岁的石山雄太只身踏上了他向往多年的中国土地，当然看京剧、学京剧是他此行的主要目的。他来到位于北京的中国戏曲学院附中，经过了老师的严格考试，顺利被中国戏曲学院附中录取。根据石山雄太的个人条件，老师为他选择了京剧里的“武丑”行当作为主攻对象。京剧里的武丑，都是武功高强、善良正直，且滑稽可爱的绿林豪杰，动作和念白具有相当的挑战性，石山雄太从小就对这个行当钟爱有加，自然乐不可支。中国的京剧和日本的传统戏剧在程式上有一些相似，这为石山雄太理解京剧人物打下了良好的基础。

学戏原来这么苦

京剧艺术博大精深，学起来有一定的难度，来到中国之后，石山雄太发现，学习京剧确非易事。

在《霸王别姬》这样的电影中，可以看到过去的戏班子演员训练的残酷，有所谓“七年大狱”之称。现在，虽然师父对徒弟不再如此严厉，但在学习功夫方面，如要成就大业，还是丝毫松懈不得。石山雄太做梦都想做一个优秀的京剧演员，在他心目中，优秀的京剧演员，在舞台上一亮相就能震住全场，赢得如潮掌声。他知道，为了实现梦想，在中国，很多人从很小就开始学习，而石山雄太17岁才正式摸戏，身体已经大致成熟，所以要比别人付出更多的代价。

在北京读书时，石山雄太每天早晨五点多就起床，去附近的公园吊嗓子练念白。每天早晨，他要喊嗓子、踢腿、下腰、拿大顶、翻跟头……哪个程序都不能少。比如拿大顶，开始，他连两分钟也坚持不了，后来，老师把他的脚踝绑在杆上练，有时身体倒立时间过久，鼻血会流出来，而为了心中的京剧，石山雄太硬是挺了下来。

漂亮的扮相，武丑不丑

“武丑”行当有一个基本功，叫矮子功。为了练好此功，石山雄太一蹲就是45分钟，两条腿肿胀不堪，上下楼梯异常疼痛。即使如此，石山雄太一直坚持不懈。他是插班生，别人7年的功课，他4年就要学完。虽然练得比较晚，可石山雄太暗暗发誓："同学们能做到的，我也一定能完成！"老师被石山雄太的刻苦精神感动了，时常在下课后，单独留他继续辅导。

京剧中的武丑又称"开口跳"，要擅长"念白"和"跳跃"，大量翻腾颠扑的动作对身体要求非常高。过去，民间称看京戏是"听"戏，足见京剧唱念之功的重要。而"千斤念白四两唱"，京剧中"念白"比唱更难学、难演。"念白"跟说话不同，每个字都有韵律，要念得清楚明白，对于中国人来讲尚且不易，更何况是日本人。

那段时间，除了吃饭、睡觉，石山雄太每天"拳不离手，曲不离口"。即便在宿舍里，也要对着墙壁背出大段的京剧"念白"。石山雄太在课堂上跟老师对着口型练，还要用录音机录下来，放学后，则跟着录音机一个字、一个字地念诵。

丑角"念白"多，自然是一个挑战。唱可以跟着伴奏，而念则纯粹是"干念"，抑扬顿挫要自己掌握。"卡壳就是卡壳"，忘词的时候也有。但京剧是"不怕胡念，就怕不念"，真的"晒台"却不行。

回想当初像疯子一般练功的日子，石山雄太说："我当时身心完全投入进去，好像没有思维能力，忘了外面的世界。"

机会终于来了

结束了紧张、忙碌的4年附中生活，1997年，石山雄太考上了中国戏曲学院表演系。在大学里，理论多练习少，石山雄太白天学完文化课，晚上去练功厅加练两三个小时。

4年的汗水没有白流。2001年夏天，石山雄太终于拿到了大学本科文凭。毕业前夕，日本NHK电视台派人来中国录制报道他毕业公演的过程。此片在日本播出后反响很大，许多喜爱京剧艺术的日本人来信鼓励并祝福他。

大学毕业前夕的2000年底，一个好消息传来，中国京剧院要招聘武丑演员。石山雄太报名参加考试，破例被中国京剧院录取。

聘任外国人做专业演员，这在中国是首例。虽然没有外国人在中国文艺团体工作的先例，但中国京剧院院长吴江却具有前瞻眼光。他认为京剧本身就是包容性的艺术，石山雄太加入中国京剧院，对这个剧种的发展会有帮助，应该给他发展的空间。

被中国的专业剧团聘用，高兴之余，石山雄太清楚地知道，如果把学习京剧比喻成走路，走到今天，只是刚刚学会了迈步。在中国，京剧名家成名都在20多岁，现在他只是被中国京剧界接受而已，他的目标是要被中国京剧界承认。

进入京剧院之后，石山雄太珍惜每一次上场的机会，哪怕是跑龙套，他也一丝不苟地完成。京剧演出本来就机会不多，在团里，他又是辈分小的演员，上场的机会就更少。石山雄太默默等待着机会的来临。

2002年8月，团里派石山雄太及其他演员到北京长安大戏院进行17场演出，其中有两场是他主演的《三岔口》。这是他进入剧院以来第一次担当主角。为了准备演出，石山雄太和同台搭档将整出戏一遍遍地排练，下班后还要留下来加练。

在《三岔口》这出戏里，石山雄太饰演店主刘利华。他轻盈的动作、漂亮的“铁门槛”，使观众目不暇接。然而，30分钟里他还是出现了两次失误：剧中他要在黑暗中毫无声息地蹦到桌面上，上蹦时，他的一只脚绊了一下桌子，差点没蹦上，也因此弄出了声响。此外，在表演中，因为紧张，他手中握着的刀也突然掉在了地上。

这两个失误令石山雄太懊恼不已，显然自己的舞台经验还不是很足。第二次演出，石山雄太索性放开了去演，这样一来，表演当中没有再出现失误。十年寒窗，石山雄太终于听到了观众献给他的热烈掌声。

石山在《蟠桃会》中表演偷桃的场景

那一刻，他幸福极了。

作为唯一的外籍演员，尽管在中国京剧院历练了多年，但每次担任主演，石山雄太都称自己像小孩子玩鞭炮一样，既高兴又紧张。演出前，他都要作充分的准备，但失误在所难免，他有时灵机一动，会想出一些补救的高招。比如有一次演孙大圣偷桃子盗仙丹的情节，他要跳到桌子上吃桃子，可跳上去后，桌上的桃子被他不小心震了下来，他顺势一滚，下了桌子再捡，十分猴气地将这场戏救活，获得了观众的掌声。

2003 年中央电视台春节戏曲晚会，石山雄太被导演看中，让他和其他丑行演员一起合演戏曲小品《丑相亲》。在这次晚会上，石山雄太和众多戏曲名家同台演出，受益匪浅。至今，石山雄太作为一名专业京剧演员，已经学会了二十多出京剧，如《闹天宫》、《三岔口》、《时迁探路》等。

为了增加自己的舞台经验，石山雄太经常出去“走穴”，哪怕是一家茶馆让他演戏，他也骑着自行车照去不误。茶馆之类的场所本属休闲之地，石山雄太仍然表演得一丝不苟。借台练艺，报酬不多，可是能演上自己喜欢的猴王。

如今，京剧也在与时俱进，也开始讲究“大制作”，灯光、服装、舞台等也不再像过去那样单一。在这种形势下，学戏的感觉自然与过去不太一样，但在石山雄太看来，京剧的精髓并没有改变。

有人至今对石山雄太放弃日本东京的优裕生活，来北京从事京剧事业百思不解，而理解他的人都知道，石山雄太是奔着自己喜爱的京剧艺术来的。干京剧表演这行，没有一点牺牲精神不可能坚持到最后。

对猴戏情有独钟

石山最爱孙悟空

演了多年的猴子，石山雄太对孙悟空有了很多的体验，甚至，在戏中，他把自己就当成猴王本身。所有关于西游记的题材他都会找来研究，从动画片《大闹天宫》到六小龄童主演的电视剧……开始，他还曾经企图背诵吴承恩的原作《西游记》，后来发现，这是一项如同西天取经一样庞大的工程。尽管如此，石山雄太还是对《西游记》的所有情节默熟于心。他很喜欢周星驰的《大话西游》，而且特别喜欢结尾城楼离别的那场戏。

敢问路在何方

在石山雄太心目中，“孙大圣是孤独的”，他只能无可奈何地与世间告别。在《大话西游》的结尾，主题曲《爱你一万年》响起，师徒四人越走越远，孙大圣还朝嘴里塞了一根儿香蕉……这些情节，石山雄太侃侃道来，也许，这正好隐喻了他学戏征程上的诸多艰难。

作为日本人，石山雄太眼里的孙大圣，首先还是一只猴子。他非常赞同六龄童对孙大圣的评价：猴、人、神，三位一尊。最后，即使成了佛，孙大圣也还是一只猴子，而不会变成人。但这只猴子又深通人性，懂人情。

为了深入研究猴子的形态，石山雄太经常去动物园看猴子，观察它们的一举一动，日后模仿起来，分外得心应手。

中日邦交正常化 30 周年时，上海举行中日青年传统艺术交流演出。中国人严庆谷演狂言（一种日本传统剧种），而日本人石山雄太演京剧。

“每次都是我自己勾脸谱，瞧着还行吧？”

那一次，石山雄太成了绝对主角。可惜这样的机会太少，他的一身技艺施展的机会并不多。

2008 年 9 月，石山雄太去日本东京巡演，这成了日本东京京剧演艺圈的头版新闻。演出结束后，他还去了日本的一些初中和高中进行普及性演出，给他的同胞宣讲中国传统的京剧艺术。比如京剧的写意：以鞭代马，以桨代船，一抬脚就进了家门，两手一搬就移动了一盆花等等。普及这门艺术，使更多的人认识京剧，这也是石山雄太的一大愿望。在他看来，“观众是培养出来的”，光看热闹不行，还要逐渐培养他们能看出“门道”。不过，京剧毕竟不像影视，京剧戏院只有百来个乃至几十个观众，不可能影响太大。他也承认，“现在的娱乐方式太多，培养观众很难。”不过，在石山雄太眼里，“舞台有意思，跟影视不一样，这样才刺激。”

每次演出，石山雄太都亲自给自己化妆，行话叫“勾脸”。最快也要耗费半小时。他十分在乎跟老先生学习，用他的话来说，他们“即使不踢腿也瞧着好看”。老先生勾起脸来，只要10多分钟就可以完成，他们手不哆嗦，一气呵成，很有美感。而这感觉，就是所谓的“范儿”，要真正练就，不下一番苦功，显然不行。

为了把“范儿”学到手，石山雄太经常向老先生“问艺”，每逢重要演出前，他都要请当年大学时的恩师、原中国京剧院演员、国家一级演员刘习中去排练场看他的表演，给予指点。他还经常去恩师家请教，有时老师也留下他打牙祭。石山雄太说，很多表演艺术家都是美食家。比如马连良，戏唱得好，厨艺也一流，甚至还自己开餐馆。从这些老先生那里，石山雄太学到的不仅仅是技巧，还有一种意识，一种对艺术的认真态度。有时，石山雄太觉得自己做得很不错了，可老师说还差得远，这种严格的要求，使得他的“台技”越来越高。

眼睛近视到400度，但石山雄太上台，却从不戴隐形眼镜，完全凭自己的感觉。看不清楚下面的人，在他看来反而是好事，可以一心一意地演戏，“不用管台下”。

除了压腿、吊嗓、练习念白，石山雄太还要练习一些其他本领，比如眼神。黑夜里，石山点上一根香，执香的手晃来晃去，眼睛追着那一点光亮来回运动。在他看来，眼睛最不好练，因为练习的不是肌肉，而是一种感觉。问他练了这么多年，如今到了哪一步，他呵呵笑着说，还没练到家呢。

说起练功对自己身体的影响，石山雄太操着一口京腔说自己“哪儿都有毛病”。作为武丑，受伤肯定是难免的。

在中国生活多年，石山雄太摸透了中国戏迷的分布。比如天津的戏迷，是档次较高的，轻易混不过去。行话是：“北京学戏，上海出名，天津验收”，足见天津戏迷的水平之高。尽管如此，石山雄太还是经历了高水平戏迷的验收，在京剧的故乡，发展出了自己的铁杆“粉丝”。

文 / 张洪

小档案

姓名：金昶伯

国籍：韩国

职业：教练

在中国生活时间：9年

13亿人尊重的金老师

在球场上，他是魔鬼，在球场外，他像慈祥的父亲；在家他是孝子，在中国他是爱国者。他有着男子的刚强，也有英雄温柔的一面。在中国，人们早把他当成自家人，而他也把中国人当成了自己的知己。他就是中国女子曲棍球队的洋教头金昶伯。

2008年北京奥运会，韩国籍主教练金昶伯率领中国女子曲棍球队创造了历史。8月20日，从“死亡之组”杀出的中国队3比2逆转击败卫冕冠军德国队，昂首挺进决赛。中国队的姑娘们说：“我们创造了中国历史，下一步该创造世界历史了。”此前，除金昶伯教练带领的韩国女曲队曾两获奥运会银牌，还没有哪支亚洲队能在奥运会上撼动西方人在这个项目上的至尊地位。

但是，中国姑娘要在她们崇拜的“金老师”带领下，向金牌发起冲击。

中国女曲创造了历史

北京时间8月22日8时30分，金昶伯率领中国女曲队向梦想之颠开始攀登！这位个子不高、身材消瘦、脸色黝黑的主教练站在场边，目送自己的弟子走上赛场。

一切仿佛回到2000年的悉尼，那时还不为人知的中国女曲，竟一举夺取悉尼奥运会第五名，让多少世界强队都惊呼，这是从哪儿冒出来的一支强悍的队伍。从此，中国女曲越来越强。正是韩国籍“铁帅”金昶伯，率领中国女曲异军突起。2002年大冠军杯赛，中国队先后击败5支世界顶尖球队，成为继女排后中国第二个球类集体项目的世界冠军。

4年前的雅典奥运会，中国女曲冲进四强，半决赛点球惜败于德国队后，未能夺取奖牌。此后，中国女曲实力下滑。在经历了一段低谷后，金昶伯再度点燃中国女曲的希望。其实，这次奥运会分组中国队抽了个下下签，可谓死亡之组。几乎没有人认为中国女曲能够从小组中杀进四强。但是，金昶伯率领的中国女曲队一路横扫，小组赛中3胜1平1负，仅以0比1小负荷兰队，2比2逼平并挤掉劲旅澳大利亚队，杀进四强。半决赛中，两度落后，两度追平，最终逆转战胜德国队，报了上届被对方“点杀”的“一箭之仇”。

这是一群玩儿命的姑娘，往往一跤摔下去，她们就会蹭掉一大块皮，但姑娘们毫不畏惧，爬起来接着战斗。比起4年前的雅典，这支队伍更加成熟，她们比任何时候都更有理由取得好成绩。中国女曲，9年了！她们展示了不屈的女曲精神！付出了太多太多！相信她们登上球场的那一刻，每个人内心都激情澎湃，因为这里是奥运会决赛赛场，她们终于拼到了这一天！ 9年了！为了这个时刻，姑娘们跟着金昶伯拼搏了整整9年！队长马弋搏不会忘记，为了这一天，她被对手球杆打掉门牙！为了梦想！拼了！这将是姑娘们今生难忘的70分钟！

荷兰队不愧是世界排名第一的劲旅，开局便获得短角球机会。荷兰队连续射门，被中国队门将张益萌扑出。荷兰队攻势很猛，中国队门前风声鹤唳。在荷兰队疯狂进攻之后，中国队开始耐心地反击。荷兰队在中场抢断十分积极，中国队没有良机突破。13分钟后，中国队才完成第一次射门。离上半场比赛结束还有11分钟，荷兰队获得极有威胁的一次短角球，荷兰队射门，被门将张益萌再度扑出。荷兰队展示出强劲的整体实力，而且技术细腻。中国队多次利用右边路组织进攻，而荷兰队恰恰也是左边路为主要进攻点，可谓针尖对麦芒。0比0！两队未分出高下。

荷兰队下半场依然保持了强劲的攻势，两队见无法打开局面，频繁换人改变节奏。比赛呈现胶着状态，中国队还是以稳守反击为主。比

中国队的韩国籍主教练金昶伯布置战术

赛进行到下半场第 15 分钟，荷兰队一名队员门前补射得手，荷兰队 1 比 0 领先。离全场比赛结束还有 8 分多钟，荷兰队 11 号门前劲射破门，荷兰队以 2 比 0 领先。此刻，中国女曲已无力回天，而且体能消耗很大，但姑娘们一直在坚持苦斗，现场“中国队，加油”的呐喊声始终震耳欲聋!

全场比赛结束，荷兰队夺取了北京奥运会女子曲棍球金牌，荷兰姑娘们兴奋地拥抱在一起，激动地流下热泪。荷兰队胜固欣然，但中国队败亦无愧。姑娘们面对强于自己的荷兰队，近乎惨烈地拼到了最后一刻！她们取得了中国在本届奥运会上球类集体项目的最好成绩，比国人寄以厚望的女排（铜牌）、发挥很好的女篮（第四）更出色。所有的中国球迷都对她们欢呼，因为一块银牌已经创造了历史。

姑娘们还是感到失落。队员李红侠表示，既然参加了比赛，我们就能有机会争得冠军。虽然我们也努力了，但最后还是屈居亚军当然感到很遗憾。

过去的队长，现在的“超级替补”程晖表示，这是她第三次参加奥运会，做完妈妈又回来，没获胜也挺遗憾的。她很感谢金昶伯教练给中国女曲带来机会，也谢谢他做出的成绩。

教练金昶伯表示：“很感谢中国老百姓。非常感谢各位球迷，是他们给我们力量到现在这个地步。我们没有拿到金牌回报大家，感到很遗憾。但是我们的队员尽了最大的努力。希望全国人民给予理解。本来想给女曲姑娘们脖子上挂一枚金牌的，可惜没有实现，真的很可惜。”

金昶伯表示，他很幸运带了中国女曲这样一支世界上最优秀的队伍，“这是我教练生涯中唯一让我愿意付出一切的队伍，我甚至担心，今生今世，恐怕再也遇不到这样像兄弟姐妹般团结的队伍了。”他还说：“我的脾气不好，太大的压力使我有时很烦躁、容易发火，让她们受了不少委屈，但说真的，我内心很爱她们。她们作风严谨、斗志坚强，以一种跑不死和拖不垮的精神赢得了世人尊重。”

赛后的新闻发布会，金昶伯面带微笑出现在现场。然而，这微笑是礼节性的。“因为面对的是记者朋友们，更因为我们的队员今天已经尽

中国队主教练金昶伯赛后笑逐颜开

了最大的努力，所以我要保持微笑。”这位已执掌中国队帅印 9 年的韩国人说。“但是，我的心在流泪，因为姑娘们在这么多年的训练中付出了太多汗水，献出了她们的青春。没能用金牌作为给她们的补偿，我觉得很遗憾。”

说起队员们的付出，金昶伯满脸痛惜。“看看荷兰队是多么高大强壮，而我们队员的身体条件要差很多，所以人家训练两个小时，我们就要训练 4 个小时；球场上人家跑两步，我们就要跑 4 步。我们的队员必须比那些欧洲选手刻苦很多倍，才能达到和她们相近的水平。”

不过，毕竟是输给了有着骄人曲棍球历史的荷兰队，金昶伯一再强调，中国队队员已经尽了全力。“荷兰队队员的个人技、战术非常突出，战胜她们绝对不是一件简单的事情。荷兰运动员是世界上最优秀的，但我们的队员也不亚于她们。”

先后两次带领韩国队、三次带领中国队参加奥运会，但金昶伯始终还没拿到那个最高荣誉。“奥运金牌一直是我的梦想，但直到今天，我已经没什么可后悔的了。”金昶伯的倔强在这个夜晚，令人感动。中国媒体把中国女曲的这一历史时刻看成是从前不敢想象的莫大成功，金昶伯却说：“在我心里，没拿到金牌就不算成功。”这真是一个“不可救药”的完美主义者。

其实，看看郁金香之国随处可见的曲棍球场地，数数人家以百万计数的曲棍球人口，我们能以屈指可数的场地，2000 来人的曲棍球人口与之抗衡，可以说虽败犹荣。13 亿中国人对女子曲棍球队的成绩已非常满意，13 亿中国人衷心感谢这位素有“魔鬼教练”之称的金老师。

网上调查显示，在中国体育界聘请的外国教练中，人气指数金昶伯排名第一。有九成网民希望金昶伯奥运会后继续留任，其余的或尊重金老师自己的意愿，或主张他好好休息一下，似乎没有人对这位功勋教练有不敬之辞。

金昶伯不愿被称希丁克

“如果再不能赢球，那只能怪老天无眼。”3比2逆转德国晋级决赛后，压在金昶伯心头4年的一块巨石终于被铲除。9年的中国生活，让金昶伯早已把自己当中国人看待。他一直希望在退休前给中国女曲带来一枚奥运金牌。他知道，这支队伍太需要一枚金牌来鼓舞士气。“苍天有眼，一定会给她们一个公平的回报。”

很少有人会像金昶伯这样，每次奥运会都提出拿金牌。但在金昶伯看来，球场上不能赢球的教练，就毫无意义。“我吃的是这碗饭，就要认定一个目标走下去。我不能决定胜负，但我永远在争取胜利。我付出了，我就此生无憾。”

1988年金昶伯率领韩国女曲在汉城奥运会上夺得银牌。20年后，他又以中国队主帅的身份出战北京奥运会，并再次收获银牌。这是一种缘分，又是一种遗憾。但他坚信，中国女曲比韩国女曲更有希望，更有未来。

女曲半决赛后一名韩国记者的问题，引出了新闻发布会的一个小高潮。“听说中国人都把你称为‘中国希丁克’，你喜欢这样的称呼吗？”

“没有中国人叫我希丁克！”面对同胞，金昶伯的话掷地有声。“我是金昶伯，教曲棍球的金昶伯，得到13亿中国人尊重的金昶伯！请你好好在韩国宣传一下，中国人不把我称为希丁克，他们只知道我是金昶伯。”的确，对于大多数中国人而言，往往是因为金昶伯的大名，才知道和了解了曲棍球运动。

这位韩国记者苦笑着，不知道是该为金昶伯自豪，还是为自己尴尬。

在北京奥运会上，金昶伯率领中国女曲以6比1狂胜韩国队，就连韩国记者都感叹，现在怎么看，金昶伯就是一名中国人。其实，金昶伯的内心深处，深深地爱着他的祖国——韩国，他永远都是一名韩国人。但是，他要用男人的方式来向祖国“问候”。

2002 年韩国釜山亚运会是金昶伯特别想参加的一届亚运会，因为他要在自己祖国的土地上证明自己，并向家乡父老汇报。都说他是一个训练场上的“魔鬼”，但实际上他有着丰富的情感。1999 年，个性鲜明的金昶伯与韩国曲棍球协会出现难以调和的矛盾，一时赋闲在家。此刻，中国曲棍球协会向他招手，给了金昶伯一个崭新的舞台。他从 1987 年就开始注意中国女子曲棍球，他发现一直到 90 年代后期中国女曲依然进步不大。他知道症结所在，他正好想在另一个平台上施展自己的才华，所以欣然接受了中国的邀请！“我就是想让祖国人民看看，自己的能力如何。”当然，也有报答中国人“知遇之恩”的因素。

结果，年轻的中国女子曲棍球队在釜山击败了称霸 4 届亚运会的韩国队。釜山的父老乡亲把中国队的胜利视为金昶伯的胜利，媒体有指责声，但更多的是赞扬声，韩国曲棍球协会大概很不是滋味。后来，韩国曲棍球协会看到中国女曲不断取得的辉煌战绩，可能也后悔放走了这样好的教练，曾多次托人捎话邀请金昶伯回国执教。但是，与中国结下不解之缘，已举家迁往中国的金昶伯这样回答，即使年薪高于中国的 10 倍，他也顶多考虑考虑。

老金的表白“我不是韩国的希丁克，我是中国的金昶伯。”让无数中国人感动。中国的电视观众早就发现，他的中国话有点口音，但说得很流利。老金自己也说，他几乎忘记自己是一个韩国人，只有在中国上飞机出示护照时，才会想起自己原来是一个韩国人。为了与自己的队员一起进餐，他努力适应中国饮食。9 年前，他第一次到广东，发现所有菜里都有香菜，觉得如果吃不了香菜在中国生活就有困难，于是就改造自己的味蕾。现在要是没有香菜他倒不习惯了。当然泡菜还是要吃的。金老师的夫人制作泡菜堪称一绝，凡是有幸品尝过金家自制泡菜的人都赞不绝口，说比超市里的“正宗韩国泡菜”好吃得多。

汶川地震时，中国女曲正在德国参加冠军杯赛，不把自己当外人的金昶伯回到中国后马上取出10万元，让领队赶快帮他捐出去。10万元虽算不上巨款，但老金在中国的收入并不很高，这几乎是他存款的1/3。老金一家6口人，全都生活在中国，两个孩子读大学，一家人的生活来源全靠他的这份工资。但他还反复叮嘱不要声张，否则就违背了他的本意。在经媒体报道后，老金还是坚持：“我全家都生活在中国，拿中国人的工资，是中国人民养活了我全家，这样做是应该的。”

目前，依然有韩国人打趣地说，金昶伯现在简直就是一个中国人。但是，有人告诉记者，无论在什么地方，金老师听到韩国国歌时，他的两眼都会满含热泪……

“魔鬼式”训练打造了胜利之师

有人问中国人，你们中国球员的身体条件无法和欧美强国的球员相比，是什么支撑着你们奔跑到最后一分钟？其实，他们不知道，这种动力实际上是用近乎残酷的训练换来的。当你见到中国女曲的“魔鬼式”训练时，你就知道她们为什么总能创造奇迹。那样的训练，不出成绩，简直天理不容！

2000年1月老金接手中国女曲时说过，体能是中国队最拿不出手的一个方面，而体能恰恰是一切技、战术得以实施的基础。不过队员们可不是一开始就接受得了他的“狠”，就连中方的助理教练对于老金的一些做法也颇有微词。曲棍球部部长杨超坦言：“他刚开始的一些做法我们从来没有经历过，所以也不是那么容易认同。”

但是很快，老金带队取得的成绩不得不令人刮目。接手后3个月，中国女曲就首次获得了悉尼奥运会出线权，并且在4个月后冲到了奥运

“这样不行，重来！”

会第五的位置。而1999年，金昶伯应邀“会诊”中国队的时候，中国女曲的世界排名还在20位开外。老金说：“用5个月的时间准备奥运会，如果说，技、战术的成分占了50%的话，另外的50%则重点在体能上。”一向灵敏有余、体能不足的中国队，终于以成绩证明了老金几个月的魔鬼训练没有白费。

老金一照面就要求全队以姐妹相称，避免女孩子仨一群俩一伙的不团结现象。不准队员称他为教练，一律要叫他“金老师”，确立绝对的“师道尊严”。不知道他在什么地方捡到一根树枝，便精心打磨一番，刻上“必胜”二字。平时训练拿着棍子，对球员大吼大叫，只要看到谁懈怠或动作不到位，金昶伯就会用“必胜棍”朝谁抽去，再急了甚至上脚踹！

在韩国，队员必须全听教练的，教练可以运用打骂等一切手段来刺激队员，不许违抗。但在中国不行，这是两种文化的差异。虽然中国队员已尽量忍耐，韩国教练也心有顾忌，双方还是不协调。后来还是中方领导出面协商，金教练才收起小棍。小棍收起来了，威慑力犹在，姑娘们说，他不拿棍子了，反而觉得那个棍子就在身边。

女曲姑娘们曾说：“真是苦得想哭啊！金老师的魔鬼训练方式几乎到了残忍的地步。练不好就罚，而且一罚就是‘株连’全队，大家一起遭殃。犯错队员不仅在体力上，而且在心理上也负担着极大的压力！”一次练习赛，对方实力较弱，金昶伯要求全队赢10个球，要是少赢1

分，那么就得罚50个冲刺跑。结果比赛只赢了1球，老金就真的罚了9组冲刺跑，一直跑到深夜11点多。提起此事，姑娘们至今心有余悸。

没有自信，不敢做动作，就不能成功。金昶伯一直这样教导着球员。“开始，金老师对我们说：‘我要把你们带到世界一流’，我们认为他是吹牛。但事实是，他所说的目标都一个个实现了。上届奥运会前，他搞了个测试，没有一个队员敢说目标进前六，他很生气。他说必须树立前三名的信心，只要付出了，就能做到。”

金昶伯发现中国人特别含蓄，在球场上不说话，显得气氛不够。他就说：“你们在场上都不说话，有球传过去，接球方不能提前知道。都长了嘴，为什么不说话？！”可是球员还是不太习惯。于是金昶伯就开始处罚，一边跑一边喊，后来中国队小配合打出来了，信心在一天天增强。

金昶伯是个很有条理的男人。他的屋子与他的训练计划一样有条不紊，他的思路十分清晰。每天不管工作到多晚，他也要上网收集世界最新曲棍球动态。他绝对不是仅靠“魔鬼式”训练提高成绩的教练。

“总有一天，我们要得到世界冠军，而这需要我们付出艰苦的努力。”金昶伯这样说道。本来他就是个干瘦的小老头，在推行“魔鬼式”训练的过程中殚精竭虑变得更加消瘦，只有那双眼睛依然锐利。在最初和队员及各方面磨合的日子里，老金体重曾掉过10公斤！而且金昶伯还有严重的腰伤，有时要别人扶着他，才能来到训练场。但是，他依然挺立着，痛楚而坚毅的脸色，让姑娘们心痛不已。于是姑娘们更加努力地训练，为了让老师放心。

有一次，球员训练质量太低，金昶伯硬是7天几乎没吃过一顿像样的饭，就是靠喝水过来的，因为他很生气球员没达到要求。姑娘们哭着恳求他吃饭，金昶伯依然如故。他说：“你们不用给我饭菜，我最近心情不好，不太消化。”之后，球员们为了能让金昶伯吃上饭，全体通过艰苦的努力，提高训练质量，终于让金昶伯吃上了饭。

他并不是用自我戕害的方式给队员施加压力，实在是因为着急上火而食不甘味。而他的队员，从此不管他在还是不在，训练绝不偷懒，好像总有一双眼睛盯着她们，让她们不敢懈怠。

“魔鬼教练”也有温柔一面

金昶伯不介意人们称他为“魔鬼教练”，而且以此自豪。在球场上，他是魔鬼，但在球场外，他却像慈祥的父亲。多年共同打拼，他和队员们建立了不是亲情、胜似亲情的关系。谁过生日，他会送上一份礼物；谁受伤了，他会亲自背着上医院。他得到的奖金，大都花在姑娘们身上。“她们实际上就像我的女儿，我带着我的女儿们一起拼杀。”

那年在釜山，中韩女曲决战在即，两队分列在球场上。此时，中方主教练金昶伯却手捧一束鲜艳的红玫瑰，笑眯眯地走向场地中央。记者们以为他要献花给对手。可他却径直来到中国 11 号队员面前双手捧给她，接着在她的脸颊上轻轻地吻了一下。这一切像一股温馨的风把场上的紧张气氛冲淡了。原来这是中国女曲老队员唐春玲第 100 场国际比赛。为了纪念这一时刻，老金前一天特意上街订购了这 100 朵红玫瑰，今天又亲自献给自己的队员。身经 99 场大赛考验的唐春玲非常激动。她说要在这第 100 场比赛中发挥水平，圆自己第一个亚运冠军梦。她做到了，她也如愿了。

金昶伯是一位孝子。有一次他在外地训练时接电话，他的情绪让队员们感觉出了什么事。他回答说母亲前些时病了，到快好了才告诉他，儿子不能尽孝，他很内疚。“母亲说，你是干大事业的人，不要挂念家里。再说，就是你回来又能顶什么用呢……”他一声长叹。和大家一样，他已经 9 个多月没回家了，他要和队员们一起实现奥林匹克梦想。

心理压力很重的他，却想让队员们尽量轻松。平时和姑娘们开开玩笑。队员们说："我们看着他变老，变憔悴。在周日的一点闲暇时间里，我们会给他拔新生的白发，心里很难过，可他却开着玩笑：老师老了，这是让你们气出来的！"笑声化解了沉重，但也给姑娘们的心里留下了一点感伤。

金昶伯喜欢喝酒，尤其对中国的白酒颇有兴趣。姑娘们回乡探亲时就把当地的名酒背来孝敬老师。他怕姑娘们破费太大，就故意说自己最爱喝小糊涂仙酒，因为价格便宜。后来考虑到工作，干脆宣布戒酒。为了 2008 北京奥运会，他真的从此滴酒不沾。

无情未必真豪杰。金老师是性情中人，他说得了冠军他才喝"庆功酒"。他的弟子和中国的球迷，真希望有一天他能开怀畅饮。其实，8 月 22 日之后，他已经可以开戒了。

金老师把家安在了中国

悉尼奥运会后，老金就把自己的家迁到北京，而且大有"要在这沙家浜扎下去"的趋势。中国已成为他的第二故乡。但是，家虽近了，他还是经常"过家门而不入"。夫人朴美京说，在韩国时，一周还能见到一次，在中国有时几个月见不到人。也幸亏夫人能干贤惠，把一家 6 口的生活安排得井井有条，让老金没有后顾之忧，全身心地投入训练和比赛。

看见过夫人的朋友拿老金开心："你夫人可比你漂亮。"老金大言不惭："我年轻时也很帅。"不过，据女儿"揭发"，当年还是老爸主动追求老妈的。

刚到中国时，老金特喜欢听《十五的月亮》，也许歌曲的思乡之情引起了他的共鸣。其中"军功章里有我的一半，也有你的一半"的歌词让老金何尝不想唱给夫人听呢。举家迁到中国后，还是忙得一塌糊涂，难得回家。所以他又迷上了《单身情歌》，也许唱唱可以排遣一下想家的情绪吧。

知子莫如母。一说起儿子，金昶伯的老母亲朴毕淑的脸上就会露出骄傲的神情，“我儿子是做大事的。”不过说起儿子的脾气，老太太可就真心疼了。“我儿子他性子很急，队员们有时候训练得不好，他自己就急得吃不下饭。”老太太所能做的除了经常在家观看中国女曲的比赛外，就是每天在自己的房间为儿子祈祷。“我儿子在中国做教练，如果他工作干得不好，我们全家人心里也不好过。现在他取得好成绩了，而且我孙子、孙女在中国的学校里学习也不错，我也心满意足了。所以我每天都要替他祷告，希望他带领自己的队伍，取得更好的成绩。”

金昶伯的两个大孩子目前都在清华大学读书，大儿子读生物，二女儿读中文系。小儿子也上中学了，老金对他的希望就是能够像哥哥姐姐一样学好中文，也考上一所名牌大学。他希望女儿将来嫁给中国小伙子，因为中国小伙子疼人。儿子嘛，最好还是找韩国人，要是找了中国女孩，大男子主义可就不好使了。

他的家已成功地融入中国社会，他们在中国生活得很幸福，况且有很多韩国朋友在北京居住。他家所在的望京地区，俨然是韩国街，生活方便之极，连超市商品、公共汽车的站牌都标上了韩文，足以让他的一家乐不思釜山。

奥运会后，金昶伯想先休息调整一段时间，出去旅游看看中国的大好河山。他确实太累了，他的弟子和中国朋友都希望他保重。至于以后，大家当然希望他继续带领中国女子曲棍球队，铸造新的辉煌！

文/孔宁 李立 宗和

图片提供/中体在线图片

中国新闻社

图书在版编目（CIP）数据

老外的中国梦／绿杨等著 .—北京：新世界出版社，2008.11
(中外文化交流系列)
ISBN 978-7-80228-836-2

I. 老… Ⅱ. 绿… Ⅲ. ①外国人－生平事迹－现代②中国－概况
Ⅳ. K812.5 K92

中国版本图书馆 CIP 数据核字（2008）第 177049 号

老外的中国梦

作　　者：绿　杨　等
策　　划：李淑娟　张海鸥
责任编辑：李淑娟
中文审定：周奎杰
封面设计：王天义
装帧设计：清鑫工作室
责任印制：李一鸣　黄厚清
出版发行：新世界出版社
社　　址：北京市西城区百万庄大街 24 号（100037）
总编室电话：+ 86 10 6899 5424　68326679（传真）
发行部电话：+ 86 10 6899 5968　68998705（传真）
本社中文网址：http://www.nwp.cn
本社英文网址：http://www.newworld-press.com
版权部电子信箱：frank@nwp.com.cn
版权部电话：+ 86 10 6899 6306
印刷：北京外文印刷厂
经销：新华书店
开本：787 × 1092　1/16
字数：180 千字　印张：16.5
版次：2009 年 1 月第 1 版　2009 年 1 月北京第 1 次印刷
书号：ISBN 978-7-80228-836-2
定价：48.00 元

新世界版图书　版权所有　侵权必究
新世界版图书　印装错误可随时退换